卓球 高島規郎の「選手を強くする」指導者論

選手をつぶす指導者なら、選手がコーチになればいい。

1975年世界選手権シングルス3位
元全日本男子監督
高島規郎

卓球王国ブックス

CONTENTS

選手をつぶす指導者なら、選手がコーチになればいい。

※本書は、『月刊 卓球王国』に連載された「モンダイは指導者だ」の第1回～第40回（2016年8月号～2019年10月号に掲載）を加筆・修正し、さらに書き下ろしを加えてまとめたものです。
※文中の表現は、右利きの選手を基本に表記しています。
選手の所属は一部、執筆当時の所属を記載しています。
また、文中の敬称は一部省略させていただいています。

第1章

あなたは「良い指導者」なのか……9

第2章

強くなるための練習を考える……57

第3章

卓球のプレースタイル、強化のツボ……81

第4章

技を高め、ゲームで強くなる……135

第5章

指導者のいない選手はもっと強くなる……199

第6章 強いチーム を作る

第7章 伸び悩む選手がやるべきこと

カバーデザイン・永丘邦弘

まえがきに代えて

「指導者」を「選手」という言葉に置き換える

本書は2016年8月号から連載された『モンダイは指導者だ』をまとめたものだが、書籍化するにあたり、指導者のいない人のために「指導者のいない選手のためのセルフコーチング」というテーマで筆者の高島規郎氏に新たに書き下ろしてもらった。

高島氏にお願いすると「それが私の一番得意な部分です」と快諾していただいた。高島氏自身が大学2年まで技術的な部分を教わる指導者なしに選手生活を続け、世界選手権出場まで果たしていたのだ。

全国の卓球愛好者、そして競技として卓球に打ち込んでいる多くの人は「指導者なし」で練習をしているのではないだろうか。そういう人たちは試合で負けると「うちにはコーチがいないから負けた」と言い訳をしていないだろうか。

しかし、指導者がいることの功罪を考えてほしい。常に自分の練習を見てくれたり、技術的精神的なアドバイスをもらったりすることで、練習の集中力も高まり、自分の気づかないことを指摘してもらうことで、練習への取り組みが向上していく「功」もあれば、練習を強制的にさせられて、卓球への楽しみを失ったり、自分で考える習慣がなくなったり、誤ったプレースタイル、練習方法を押しつけられる可能性もある。これは「罪」な部分だ。

かつての日本チャンピオン、世界チャンピオンで小さい頃からつきっきりで指導者がいたという選手は皆無《かいむ》だ。ほとんどが自己流で、創意工夫して強くなり、頂点に立っている。元世界チャンピオンの荻村伊智朗は「自分にとってラッキーだったのはコーチがいなかったこと」と語ったことがある。強烈な情熱と探究心で自分の卓球を創造していったチャンピオンたち。アドバイスがほしい時には自《みず》ら電車に揺られ、遠くにいるチャンピオンにアドバイスをもらいに行った。指導者がいないからこそ独創的な卓球を作り、練習に集中できたのかもしれない。彼らは指導者のために練習したのではなく、自らの卓球を極めるために練習していた。だから、指導者がいないことを悲観することはない。

本書は、高島氏が長年の指導キャリアの中で多くの選手に接するうちに、「指導法の何たるか」を書き記したものである。日本は中学の部活動の顧問の先生や外部コーチ、小学生を教えるクラブのコーチなど、コーチングの質は低くない。しかも、ボランティアであってもその情熱はプロ並みの人は多い。一方で、子どもたちを上から押さえつけるような指導法であったり、型にはめる指導方法も依然《いぜん》あるだろう。そういった大勢のコーチの方々のひとつのヒントに本書がなるに違いない。

また、この一冊を指導者のいない選手が読む時には「指導者」という文言《もんごん》を「選手」もしくは「自分自身」「卓球仲間」という文言に置き換えると、読者の心のなかにストンと落ちるのではないだろうか。

本書カバーの裏表紙に登場するひとりのコーチ。現在、世界のトップクラスで活躍するカルデラノ（ブラジル）、ゴーズィ（フランス）をコーチするジャン-ロネ・モウニー（フランス）というプロコーチである。彼は15歳ですでにコーチを目指し、クラブコーチからフランスのナショナルジュニアコーチ、ブラジルナショナルチームコーチを経て、現在、前述の2選手の専任コーチとしてドイツで活動している。

彼はインタビューでこう答えている。「ぼくはカルデラノのコーチであっても彼をコーチしない。ぼくはガイド（案内）役なんだ。彼に『こういうやり方もあるぞ』と示して、彼と話し合う」。コートに立つのはコーチではなく、選手自身だ。その選手が自分で考え、自分で苦境から脱することが重要で、コーチが助けられるのは言葉で選手の背中を押すことでしかない。

つまり、究極のコーチは「選手を教えない」ことかもしれない。選手を教えなくても、選手が自立してコートで戦えること。優秀なコーチというのは選手が困ったら耳を傾け、そっと背中を押すことができる人かもしれない。

卓球王国発行・編集人　今野昇

第1章

あなたは「良い指導者」なのか

01 良い指導者になるために必要なもの

私は常々、どうすれば日本の卓球が世界一になれるか、ということについて考えを巡《めぐ》らせている。
戦術・技術・練習法など、様々な形で理論や方法論を考えてきたが、どのような切り口で卓球というスポーツを考察しても、最終的には指導者の問題にたどり着く、ということに気づかされた。

指導者に求められる3つの視点・能力

まず、私が思う理想的な卓球の指導者とは、次に挙げる3つの視点・能力を持ち合わせていることが条件である。

第一は、自分が指導する対象の選手が、どの程度まで成長する可能性があるか、という視点で、将来性を見抜く能力である。トップアスリートになれるのか、なれないのか。世界の頂上まで行くような才能なのか、途中までしか行けないのか。チャンピオンになれないとすれば、どの程度までなら行かせられるのか。

これは、その選手本人に言うことはできないが、人間の才能には、人それぞれ、確実にそういった限界点があるので、そこを冷静に見極め、線引きをすることが非常に重要だ。才能に限界がある選手を過度に追い込むと、パンクさせてしまうかもしれないし、逆に、厳しく追い込めば伸びる可能性を持った選手を野放しにすると、せっかくのダイヤの原石を輝かせるチャンスを失ってしまう。まず、自分の選手をそのような厳しい目で見ていくことが、指導法を間違わないために重要である。

第二は、時代とともにどんどん変化、進歩していく卓球というスポーツの最新のトレンドに敏感であり、常に斬新《ざんしん》な視点を持って選手を指導することができる能力である。長年、卓球を指導していると、自分の理論や指導法が古くなっていることに気づかないままになることがある。そうならないよう、指導者は、常に自らの指導法を更新し、最新のやり方を追求していく姿勢が求められる。

第三は、自分が教える対象の選手に、やる気・根気・負けん気という、心の三大要素を徹底的に植えつける能力である。卓球の魅力を教えて選手をやる気にさせ、長く続けられるような根気を持たせ、勝負になったら絶対負けないんだという負けん気を育てる。

日々、選手の成長しようとする意識を高め、決して現状に満足させず、何事にも妥協せずに取り組むような人間に仕立て上げられるかどうか。卓球に対して、心から真剣に向き合う姿勢が何よりも大事だという、教育ができるかどうか。ここが、指導者としての器が問われる部分であり、選手にとっても、将来的に物事を考えるうえでの土台となるため、非常に重要である。

データや数字を駆使し選手のやる気を高める

指導者が選手のやる気を引き出すには、抽象的な表現を使ったり、精神論を振りかざすより、データや数字を駆使《くし》することが効果的である。

かつて、私は近畿大学卓球部の監督を務めていたが、その時、選手一人ひとりの「カルテ」を作成することにした。大学に入ってくる選手は、出身地が様々で、それぞれいろいろな指導者に教わってきた経験を持っている。私としては、自分が育てた選手ではないし、情報がないので、まずは情報収集と、その分析が必要と思ったのだ。

医師が作成する本格的なカルテを入手し、それを模範として、オリジナルの卓球カルテを作った。選手の身長・体重から卓球の戦績、体力テストの結果など、いろいろな情報をまとめ、40人ほどの部員全員のカルテを1冊のファイルに綴《と》じて持ち歩いていた。それを見れば、選手の基礎情報や現在の状態などが一目瞭然《いちもくりょうぜん》となるようなファイルだった。

さらに、当時の近大卓球部では、卓球台が5台しかなく、部員が40人もいたので、ひたすら勝ち抜きの練習試合をすることが日常だった。その練習試合の記録をノートにつけ、年間トータルで誰

特にジュニア期のこどもに対する指導では、やる気・根気・負けん気を、選手の心に植えつけることが重要である（写真はイメージ／15年全国ホープス大会より）

が何勝何敗、というデータをとり、一番成績の良かった選手を表彰する、というようなこともやっていた。卓球だけでなく、トレーニングでも、一番ランニングが速かった者を表彰したりして、とにかく部員のモチベーション・意欲が上がる方法をずっと考えながらやっていた。

最近でも、私はプライベートで教えている選手に、フォア・ミドル・バックの3点フットワーク練習を15分間させ、その直後に心拍数を計測し、160を超えていなかったらもう一回やり直し、というような課題を与えている。ミスが多くてボール拾いの時間が長かったり、動きの速さが不足していると、心拍数は目標値まで上がらない。だから、選手は必死になってレベルの高いプレーをするようになる。

以上はほんの一例だが、特に選手のモチベーションを高める方法に悩んでいる指導者には、データや数字を駆使したり、選手の勝利や成功に対する報奨を与えたりする方法が、おすすめな解決策のひとつである。

欠点を指摘せず、選手に答えを考えさせる

次に、うまくいかないタイプの指導者について論じたい。まず、旧来的な体質の日本の指導者は、「欠点指摘型」であることが多い。選手が持つ欠点というのは、指導者だけでなく、一般の人が見ても明らかだったりするのだが、そこを触《さわ》って直そうとするのは、ただ時間がかかるだけで、ほとんど意味がない。

選手のほうも、欠点を指摘されると、「もうそれはいろいろな人から、耳にタコができるくらい聞いてますよ」という気持ちになり、モチベーションは低下していく。

そもそも欠点とは、読んで字のごとく「欠けている部分」であり、直せるものではないのだ。弱点やクセであれば直すことが可能だが、欠点は直せない。選手によってはコンプレックスに感じている場合もあるから、指摘すること自体、良くないのだ。

それよりも、全然違う部分で、長所を見つけてほめてあげると良い。すると、その選手は欠点ではなく、それまで気づかなかった自らの長所に目が向き、前向きな気持ちになって、モチベーションが上がる。

同様に、負けた試合の中でも、何かその選手が良いプレーや良い判断をした時には、その部分をたくさんほめてあげる。すると、選手は負けたことなど忘れて、自分の良かった点に磨《みが》きをかけようとするから、伸びていきやすいのである。間違っても、負けたことを怒ったり、失敗したことばかりを責め立ててはいけない。

また、指導者というものは往々《おうおう》にして、早く選手を強くしたい、勝たせたいという、前のめりな気持ちになってしまいがちだ。たとえば、練習や試合の中で、選手が自主的に考えるべき場面なのに、すぐに指導者が「答え」を教えてしまうことがある。すると、選手は指導者の言うとおりにやれば結果が出るものだから、自分で考えることをしなくなる。その結果、早く上達するけれども、途中で伸び悩む、という選手が出来上がってしまうのだ。

だから、指導者には、拙速《せっそく》に結果を求めず、選手が自分で考えて答えを出すのを、我慢強く見守る姿勢が求められる。その答えが間違っている場合は遠回りをすることになるかもしれないが、長い目で見れば、そのほうが最終的には伸びていく選手を作ることになるのだ。

そして、何よりも気をつけなければいけないのは、天狗《てんぐ》になって偉そうに上からものを言ったりしないことだ。どうしても、人間は自分が一番上の立場になると、反省したり勉強したりすることが少なくなる。そこをどうやって、謙虚《けんきょ》に、自分自身を戒《いまし》めながらやっていけるか。私は、それが指導者にとっての永遠のテーマだと思っている。

02 初心者をどう教えるか

近年では、卓球の競技開始年齢がかなり早期化しており、卓球経験のある保護者が、自らの子どもを指導するケースも少なくない。そのような、全くやったことのない初心者に対して、どのようなアプローチで卓球を教えていけばいいいか。

形から入るのでなく感覚重視で始める

ある程度、卓球の競技経験のある人は、初心者の指導をするという場合に、1球のボールで、ゆっくりワンコースのラリーを続ける、という練習から始めたがる傾向がある。正しいフォームやスイングを指導し、しっかりボールを入れなさい、と教える。

ところが、教わる立場からすると、この「ゆっくり正しいフォームでラリーを続ける」のが、実はかなり難しい。うまくいかない時に、「違う」などと言われれば、あまり楽しくもなくなる。

逆に、簡単なのは、フォームなどは度外視《どがいし》して、バーンと思い切り打つことだ。入る・入らないは別にして、思い切りラケットを振ってバンバン打つ。これは、理屈抜きに楽しい。

私は時折、大学の体育の授業で未経験者に卓球を教えることがあるのだが、その時には、いきなりラリーの練習をしても続かないので、まずスマッシュ練習からさせている。反対側のコートから、頭の高さくらいにふわっと投げ入れてもらったボールを、思い切り打つ。技術面で指示するのは、ラケット面をやや下向きにして水平に振り、打った後の腕を首に巻きつけろ、ということだけだ。それだけで結構、入るようになる。

これを、5本交替でどんどんローテーションしてたくさんの人数で行う。これをしばらくやると、ラケットでボールをとらえる時の、インパクトの「感覚」を養うことができる。そのうち、5本のボールをポンポンと早いタイミングで出すようにして、連続で振ることも覚えさせていく。それから、今度は軽く打ってお互いにラリーを続けてみなさい、と言うと、意外なほど簡単にできるのである。

また、経験者が相手をしてあげられるのであれば、多球練習から入るのが望ましい。初心者には、とにかくたくさんボールを打たせ、ラケットにボールが当たる楽しみを数多く経験させていくことだ。その中で、ただ同じところへ同じ調子のボールばかりを出すのではなく、早いピッチで連続してボールを出したり、全面にランダムでボールを送ったりしてみるといい。その際、ボールが入っても入らなくても構わない。

そうやって、遊び感覚で、急いで連続でボールを打ったり、あちこちに動いてボールを追いかけ回したりすることで、卓球のリズムや運動パターンが、少しずつ身についていく。初期段階で大切なのは、ボールを入れることやフォームを正しくすることではなく、楽しくボールを打ったり動いたりしながら、感覚を身につけることなのである。

トップ選手のプレーを見てイメージを作る

私が考える、卓球の最良の上達法は、第一に「見る」ことである。現在は、テレビやインターネット、DVDなど様々なメディアで、気軽に国内外のトップ選手たちの試合やプレーを見ることができる。初心者には、まずそういった一流のプレーを見せて、卓球にはこんなに魅力があって、こんなに面白くて楽しいスポーツなんだ、という気持ちにさせることが重要だ。

また、そのようなトップ選手の試合を観戦する際には、指導者は、初心者に対して「見るポイント」をアドバイス・解説してあげると良い。この選手のどこがすごいのか、今の技術はどういった仕組みなのか、どうして今のプレーで点数を取ることができたのか……などを教えてあげながら見せれば、技術や戦術に対する理解度が自然に高まるのでおすすめだ。

加えて、いろいろな戦型の違う選手の映像を見せる、ということも意識すると良い。人はそれぞ

世界トップの試合を映像で見せることが、初心者のイメージトレーニングとして非常に有効。写真は15年世界選手権男子シングルス決勝、馬龍（奥）vs.方博（ともに中国）

れ、異なる感性を持っているので、様々なプレースタイルの卓球を見ることで、「自分は攻めるより、カットで拾うプレーのほうが好きだな」というようような好みが出てきたり、「こういうやり方もアリか」というように、想像力が広がったりする。

そのように、良いものを見て、イメージができていれば上達は早い。かつて、私が自分の息子に初めてラケットを持たせ、遊びとして卓球をさせてみたところ、いきなり投げ上げサービスを出して、フォアハンドドライブ……などというプレーをし始めたことがあった。もちろんボールは入らないのだが、格好は本格的で、非常にびっくりさせられた。

当時、息子は小学校の高学年で、卓球のプレー経験はゼロだったが、自宅で私が世界選手権などのビデオを見るのを一緒に見ているうちに、「卓球とはこういうスポーツだ」というイメージができていたのだろう。映像の学習効果の高さを、身をもって知ったエピソードとして、鮮明に記憶に残っている。

つまり、見たものを真似することが、上達の早道なのだ。トップ選手のスーパープレーを再現してみる、というような遊び心があれば、より楽しく取り組める。「こんなプレーができたらもっと楽しいぞ」などと、指導者が声掛けをしながら練習すれば、どんどん楽しみは増していくはずだ。

勝ち負けにとらわれず長い目で成長を見守る

現在、日本国内には、かなり低年齢のカテゴリーから全国大会が存在しており、子どもたちは卓球を始めたばかりの頃から、勝負に明け暮れる、という状態が日常化している。これについて私は、少し疑問を感じている。

試合は勝負である以上、ずっと勝ち続ける子もいれば、しょっちゅう負ける子もいる。小さい時に負けばかりを経験する子は、楽しくないからと、早い段階でやめてしまうかもしれないし、自信が持てなくなって、心身の健全な成長が妨《さまた》げられてしまう危険性がある。

勝てる子にしても、指導者や保護者から勝ち続けることを要求されると、プレッシャーを感じてつぶれてしまい、長続きしない場合がある。いずれにしても、子どもがまだ小さい時に、勝った負けたで一喜一憂《いっきいちゆう》させるようなことは、私はおすすめしない。

ただ、子どものほうから「早く大会に出たい、試合がしたい」と言うのであれば、それは出しても構わない。その場合でも、結果をどのようにケアするか、ということについては、指導者や保護者があらかじめよく考えておく必要があるだろう。

また、同じカテゴリーの子どもとばかり練習や試合をさせるのも、あまり良いとは言えない。大人と打ったり、男の子と女の子で打ったり、上手《じょうず》な人と打ったり、そうでない人と打ったり……そのように、練習相手にバラエティを持たせることが大事だ。

卓球は、相手が違えば、飛んでくるボールの球質やタイミングが違うスポーツである。対応力を高めたり、知見を広げるために、初心者の段階から、様々な相手と手合わせをしてもらうことには、大きな意味がある。

指導者には、結果や成果を急がず、広く経験を積ませて、長い目で子どもの成長を見守る心の余裕を求めたい。そして、何よりも大事なのは、卓球を好きにさせて、楽しませるという視点である。

03 選手の創造力を伸ばす

日本国内のトップ層の試合を見ていると、ほぼ似通《にかよ》ったプレースタイルの選手が多く、パッと目を引くような、独創的なプレーをしている選手があまり見られない。諸外国のコーチなどからも、日本の選手には個性が足りない、という話をよく耳にする。

ここには、間違いなく指導者側の問題がある。選手を型にはめず、創造力を伸ばしていくには、指導者にどのような姿勢が必要なのかを考えてみたい。

感動的な経験をさせ、子どもの感性を磨く

ヨーロッパの強豪選手などを見ていると、終盤まで接戦になった時の大事な場面で、信じられないようなミラクルショットを放って勝つ、というようなシーンをよく目にする。そのようなプレーは、事前に準備して行うものではなく、とっさに出るものなのだが、それを可能にしているのが、選手が個々に持つ「感性」である。

当たり前の練習を当たり前にやる、卓球の練習ばかりやるというのでは、感性は磨かれない。大事なのは、小さい頃から日常の生活の中で、いかにして感動的な体験を数多く積み重ねていくか、ということである。

たとえば、小学生の子どもが全国大会に出場して、遠方に家族で出かけるとする。その子は頑張ったものの1回戦で敗退。そこで、その親が子どもに対し、「これだけお前に時間もお金もかけてやってるのに、どうしてすぐ負けるんだ」と言って怒り、すぐに連れ帰ってまた練習させる……これでは、豊かな感性など、絶対に育《はぐく》まれない。

子どもが一生懸命頑張ったのなら、結果がどうであれ、まずは慰労《いろう》してあげないといけない。「よく頑張ったね」とほめてあげて、ごほうびをあげる。せっかく遠征しているのだから、その土地の美味《おい》しいものを食べさせたり、観光名所に連れていく。そこで出合った「美味しい」「きれい」「すごい」「おもしろい」などの感動が、その子の感性を豊かにしていくのである。

そこには、こうすればこうなりますよ、という答えはない。理屈ではなく、とにかく経験の積み重ねである。トップアスリート同士の戦いでは、技術や体力だけでなく、最終的には感性の勝負になることが多い。だからこそ、指導者は卓球の指導だけに没頭《ぼっとう》するのではなく、いかにして子どもたちに感動的な経験をさせるかということを、常々考えておかなければいけないのだ。また、ここでは、子どもと最も長い時間を共有する親の責任も重大である。

頭ごなしに怒らず選手の話をよく聞く

ワルドナー（スウェーデン／89・97年世界選手権、92年五輪優勝）や、水谷隼（木下グループ／16年五輪銅メダル）など、天才的な感覚を持つ選手に共通するのは、子どもの頃から卓球台の後ろに下がってロビングを上げるのが好きだった、ということだ。なぜそのようなプレーが好きなのかと言えば、楽しいからである。天才と呼ばれる選手は、卓球の楽しみ方を誰よりも知っているのだ。

しかし、もし、そこに頭の固い指導者がいて、「そんな遊びみたいなことをするな。きちんと練習しろ」と言って遊ばせず、型どおりの練習しかさせなかったら、彼らの才能は潰《つぶ》されていたかもしれない。そう考えると、創造力の豊かな選手が順調に育つかどうかは、指導者のやり方次第《しだい》で大きく異なってくると言えるだろう。

以下は、かつてサッカーのジュニア年代の全国強化合宿に、ゲスト指導者としてヨーロッパのトップコーチが招《まね》かれた時のエピソードである。その合宿の最終日に練習試合をさせたところ、全国から選手を連れてきていた母体のコーチが、それぞれ自分のところの選手に対し、「おい、そんなところにパスを出すな」とか、「そんなキックじゃダメだ」などと、試合中にいちいち大声で怒っていたそうだ。

試合が終わり、ミーティングが行われた際、そのヨーロッパのコーチは、日本のコーチたちにこ

創造力にあふれたプレーという分野では、このワルドナーの右に出る選手はいないだろう。相手を欺（あざむ）くサービス、レシーブは、観る者すべてを魅了した

う言って諭《さと》したという。「選手が行ったプレーには、きっと彼ら自身の考えがあるはずです。なぜ、最初からそれを否定するのですか」「疑問があるのなら、試合中ではなく、試合が終わった後に、選手とじっくり話をしてください」と。

このような話を聞くと、やはりスポーツ選手の創造力を伸ばすという点においては、欧米のコーチのほうが、一歩先へ進んでいるのかもしれないと思う。日本の指導者は、どうしても選手が「正解」しないと、すぐに否定してしまう傾向が強いが、それは、選手の自主性や創造力を削《そ》いでしまうことにつながるのだ。

また、欧米の選手は、子どもであってもコーチと対等に話をして、自分の意見を堂々と述べることができる。日本の場合は、指導者と選手の間に、れっきとした上下関係があり、なかなか「目上《めうえ》」である指導者に対して、ものを言える環境は少ない。下手《へた》に反発したらもっと怒られるとか、試合に出してもらえないかもしれないという心理が働くこともある。

選手を勝たせることや、失敗させないことも、確かに必要かもしれない。しかし、特にジュニア年代の選手には、創造力が伸びるようにのびのびとプレーさせることが、最も大事なことと言える。そのために指導者には、選手を頭ごなしに否定しないことや、選手の話をよく聞く姿勢を求めたい。

練習メニューを選手に組み立てさせよう

日本の高校などのチームでは、1日の練習メニューを監督やコーチが作っているところが多い。すると、選手たちは与えられた課題をこなしているだけで、1日の練習が終了する。これは、いわゆる「名門校」と呼ばれるチームであればあるほど、そういった傾向が強い。

以前、私は全日本の監督を務めていた時、合宿で選手たちに課題練習をさせたところ、驚くべき事態に遭遇《そうぐう》した。こちらから与えたメニューがいくつかあって、その合間に自主課題として「自分で考えた練習をしなさい」と言ったのだが、何名かの選手が、「何をしたらいいかわからない」と訴えてきたのだ。

「どんな練習をしたらいいですか」と聞かれたので、私は「自分の好きな練習をやりなさい」と答えたのだが、それでも彼らは困っていた。

しばらく前の話ではあるが、全日本の代表クラスの選手でそんな具合なのだ。いかに当時の日本の卓球界に、指示待ちの選手が多かったのかということの裏返しだったと思う。

日本では、高校まで強かった選手が大学に入った途端《とたん》に伸び悩み、並の選手で終わってしまうケースが多い。それは、ジュニア時代に指導者から与えられたメニューばかりをこなしているからだ。大学に入ると、突然、指導者がいなくなり、練習メニューを自分で組む必要に迫られるが、そこで独創的なアイデアが沸《わ》いてこないのである。そのような選手に創造力にあふれたプレーを期待するのは、どだい無理な話である。

トップを目指す選手であれば、せめて中高生くらいの年代になったら、1日の練習メニューを自分で組み立てられるくらいの自主性、創造性がほしいものだ。指導者は、あまりに与えすぎると選手の創造力を邪魔してしまうということを忘れてはならない。

04 ベンチコーチの心得

私は長年にわたり、ベンチコーチの働きによって選手を勝利に導くことができないかを考えてきた。戦術面を整理して伝え、メンタル面を整え、モチベーションを最大に上げて試合に臨《のぞ》ませる。ベンチの指導者がそういった役割を全《まっと》うすれば、選手は持っている力をいかんなく発揮でき、勝利に近づくことができる。いわば、ベンチコーチは指導者の腕の見せどころだ。私の考える最良のベンチコーチ論を紹介していこう。

先行逃げ切りを図《はか》るが接戦も覚悟しておく

まず、卓球はスコアを競うスポーツである以上、どのように得点を重ねていけばいいのかというイメージを、選手には植えつけておく必要がある。

第一には、先行逃げ切りで勝つというイメージ。1ゲームの11点というゴールは、0-0のスタートからあっという間に訪れる。スタートダッシュで相手を引き離し、ゴールまで一気に駆け抜けることを、強く意識させておくことが何より重要である。

次に、スタートで大きく引き離せなかった場合でも、相手より1ポイント以上は必ず先行していく意識が大切だ。

それができない時には、最悪タイスコア（同点）で競り合いながら終盤まで行く。

以上の三段構えが、スコアに対する意識づけとして大事になる。具体的には、サービスを持った時には必ず2ポイントを取り、レシーブの時には最低1ポイントを取る、ということを着実に実行させていけば、そのようなスコアマネジメントが可能である。

しかし、そうした意識で臨んでも、1ゲーム目を2－10と大きく離される、というようなケースは必ず出てくる。そこで大事なのは、そのまま2点や3点で簡単にゲームを落とすのではなく、何とかして3～4点をそこから連取して、最終的には5本や6本で落とすというところまで持っていくことだ。

そのようなゲーム終盤での連続ポイントは、次のゲームの立ち上がりの勢いにつながっていく。

試合というのは5ゲームから7ゲームのトータルで考えなければいけない。そのゲームを落としたとしても、次のゲームを取るためにどうすればいいか。そこを考えれば、一方的にやられたままでゲームを落とすのではなく、できる限りの抵抗や反撃をしたうえで次のゲームを迎えることが重要なことがわかるだろう。

ベンチコーチに入ると、なるべく選手には圧勝してほしい、簡単に勝ってほしいと思う指導者が多いと思うが、それではいけない。常に、ゲームオールジュースの苦しい試合になって、ギリギリで勝つというイメージを持っておくべきだ。選手にも、そういう覚悟で試合に臨むんだと言い聞かせておかなければいけない。

鋼《はがね》のメンタルを持って相手の強い部分と勝負

次に、メンタル面と戦術の関連について指導しておくことが必要だ。選手というものは、対戦相手の弱点を探し、なるべく弱いところを突いて勝とうとするものだが、そんな弱気ではいけない。

相手の弱いところを攻めると、最初の1ゲームくらいは取れるかもしれない。ところが、相手も次のゲームではそこを修正してくるから、その部分で得点を稼《かせ》ぐことはそのうちできなくなる。すると、次は相手の強いところと勝負しなければならなくなるのだが、最初に逃げの一手を打った選手が、途中から相手の強いところと勝負しても勝てるわけがない。

そうではなく、勝負師たるもの最初から相手の一番強いところに正々堂々、勝負を挑《いど》んでいくべきなのだ。もし、そこを正面突破できれば、それ以上の武器を相手は持たないわけだから、かなり優位にゲームを進めることができる。選手には、そういうつもりで戦ってこいと言って、試合に送

全日本男子監督時の筆者のベンチコーチ(1995年世界選手権天津大会時)。選手には、プラス思考で前向きに戦えるためのアドバイスを徹底的に行っていた

り出していくべきなのだ。

たとえば、目の前の大きな岩を砕《くだ》くという時に、岩の弱いところから崩そうと思えば、小さなノミなどを持ってきてコツコツ削るだろうが、そのような道具では、いざ岩盤の硬い部分を壊そうと思った時に歯が立たない。しかし、最初から岩の一番硬い部分を破壊しようと思えば、巨大な鉄球やダイナマイトなどの強力な道具を持ってくるはずだ。

卓球の場合も、相手の弱点をやっつけようと思えば、自分の技や心構えのレベルが低くなるが、相手の強いところと戦おうと思えば、かなり強力な技と相当の覚悟を持って臨むだろう。その違いが、勝てるか勝てないかに直結するのである。

もちろん、こういった挑戦的な作戦を実行するには、かなり強靱《きょうじん》なメンタルが必要となるが、そこを指導者は日頃から選手に教えておかなければいけない。逃げるな、強い気持ちで戦え、苦しくても楽をするな、心の中の「弱虫」を抑《おさ》えろ、常に闘争心を持て――そうした力強い言葉で選手を鼓舞《こぶ》し、〈鋼のメンタル〉を身につけさせることが重要である。

イエス・ノー・イエスの順番で前向きに助言

試合中、ベンチコーチが選手に対して直接働きかけられるのは、ゲーム間やタイムアウト時の1分間のインターバルのみである。そこで選手に何を吹き込むかが、勝敗の行方《ゆくえ》を大きく左右することにもなる。有効なのは、イエス・ノー・イエスの順番でのアドバイスだ。

まず選手の良かったところをほめ(イエス)、次に修正が必要な点を指摘し(ノー)、最後に「こうすればうまくいく」という方法を授《さず》ける(イエス)。それらを、なるべく短い時間で簡潔な言葉にして伝えるのだ。中には、規定の1分間が過ぎてもアドバイスを終えられず、選手が審判からコートに出てくることを催促《さいそく》されるような指導者もいるが、あれはベンチコーチ失格だ。30秒もあれば十分、というくらいのスピード感でアドバイスできるスキルを磨かなければいけない。

アドバイスの中で大事なのは、まず選手の戦い方、考え方を尊重することだ。最初から指導者のやり方を押しつけてはいけない。それから、テクニックをほめること。良いドライブが決まってるぞ、サービスが抜群に効いてるな……そういった言葉で選手を「乗せる」ことが重要だ。

また、劣勢の試合でもファイトを燃やして戦っていたり、たとえ1本であってもすばらしい勇気を出して打った、というようなポイントがあれば、そこは殊更《ことさら》にほめてあげるべきだ。それが、下を向かず、前を向いて戦い続けるためのエネルギーになる。

時には、選手も指導者も「これは打つ手がないな」と思うような試合もあるが、そういう場合に私は「好きにやれ」と言うようにしている。これは、あれこれ考えても仕方がないから思い切り体を動かしてプレーを楽しんでこい、という意味だが、そう言うと選手は力が抜けて、想定外の好プレーを連発することがある。

いずれにせよ、試合というものはいつも勝てるわけではない。勝利を求めることはもちろん重要だが、たとえ負けたとしても、自分のコーチングが選手に良い影響を与えられて、選手がベストを尽くして戦ったのならそれでいい——というスタンスが理想的だ。

05 選手を「勝たせる」指導者とは

指導者は、選手と適度な距離感で接することが求められる。なれなれしくなり過ぎても良くないし、高圧的な態度をとり過ぎて選手から避《さ》けられてしまうようでは、やはりダメだ。厚い信頼関係がありながら、師弟《してい》関係もきちんと成り立っている――そうした理想的な状態を作るためには、指導者側に不断の努力が必要だ。選手を納得させ、選手からの信頼を勝ち取るための方法とは何か。

勝たせて納得させて、まずは尊敬を勝ち取る

指導者と選手の関係性として最も理想的なのは、選手が指導者を「尊敬」している状態である。そして、どうすれば選手が指導者を尊敬するようになるかと言えば、それは何をおいても「勝たせる」ことである。

卓球という勝負の世界において選手にとっての一番の喜びは、試合に勝つことである。勝つため

の指導をしてもらって、実際に勝つことができた――そのような経験ができた選手は、多くの場合指導者に対して「勝たせてもらった」という恩義を感じるものだ。それが尊敬の第一歩である。

　レベルが高いとか低いとかは関係ない。たとえば、いつも予選リーグで全敗していたような選手が1試合勝てたとする。それは当人にとってかなり大きな1勝だし、その時に指導者が選手と一緒になって大喜びしてあげれば、そこで指導者に対する感謝と尊敬の念が必ず芽生える。そのように、「この人は自分の味方だ」「この人だったら自分の目標を達成させてくれる」と、感じさせることが大事なのだ。

　また、指導者が教える卓球の内容が退屈なものだと、選手の尊敬を勝ち取ることはできない。指導者が提供する練習内容や教え方のテクニックは、常に選手を驚かせたり、感心させたりするものであるべきだ。

　私が交流を持っているある公立中学校のボランティア指導者は、70歳代という年齢で選手としての実績もあまりないのだが、実にユニークな指導法を思いついては選手に提供し、実力をアップさせながら信頼をも勝ち取っている。その一例を紹介しよう。

　その指導者は、１００円均一ショップで手のひらサイズのおもちゃのラケットを買ってきてラバーを貼り、それにゴムバンドをつけて手のひらに固定させた。それでフォアハンドを打球すると、手首を変に使うことなくきれいに打てるという代物《しろもの》なのだが、これがなかなか効果てきめんだった。

手の甲側に裏返せば、バックハンドの訓練もできる。

彼の指導を受けた選手は、今や県でベスト8に入るくらいの実力をつけている。最初は半《なか》ばバカにしていた選手たちも、結果が出てくると感心しきりになった。

そのように、やはり指導者というのはアイデア勝負である。人が思いつかないような指導法をポンと提供して、それで選手を強くさせて納得させる。そうした機知や工夫が、選手の尊敬を集めるためには必要なのだ。

選手の考えを尊重して言葉の使い方に注意

選手を勝たせる指導や納得させる指導をすることとともに重要なのが、コミュニケーション能力である。指導者は常に、自らの指導が一方通行で上から目線になっていないか、注意しておかなければいけない。

コミュニケーションの基本は、相手の考えや意見を尊重することだ。指導者は、選手がそれぞれどんな性格でどんな考えを持っているのかを把握し、それを尊重することが重要だ。練習でも、まずは選手の考えるとおりにやらせてみること。そこに指導者なりの軌道修正を加えて、結果に結びつけていくのがベストなやり方と言える。

体格や筋力に恵まれない選手に技術・戦術を仕込み、何人も世界で戦える選手を育ててきた作馬六郎氏（写真は外部コーチを務める進徳女子高校での指導の様子）

強制的にああしろこうしろと言っても、選手は反発心を抱《いだ》くだけで良い方向には進まない。指導者側で問題を発見したら、いきなり答えを教えるのではなく、それを選手に投げかけて解決法を自分たちで考えさせ、自らの力で答えにたどり着くようなガイドをしてあげるべきだ。

そういった経験を経《へ》て成功した選手のほうが、単に言われたことをやったら結果が出たという選手よりも、学ぶ力や吸収力がついて成長する。さらには指導者に対しての信頼や尊敬の度合いも大きくなり、関係も良好になっていくのだ。

選手にとって一番良い指導者とは、自分のことをわかってくれて、的確なアドバイスをくれて、結果を出させてくれる人である。それに加えて、人間性に魅力があり、モチベーションを向上させてくれるような人であれば文句なしだ。その人が練習場に現れるだけで選手たちの表情が明るくなり、引き締まった状態でトレーニングできる――そのようなレベルの存在感を身につけることを指導者は目標としてほしい。

昨今《さっこん》、日本のスポーツ界では指導者の選手に対するパワハラなどが取りざたされ、危惧《きぐ》すべき現状が明らかになった。指導者は、選手の心身を害するような言動を厳に慎《つつし》まなければいけない。体罰はもってのほかだが、実はもっと危険なのが言葉の暴力だ。指導者が何気なく冗談《じょうだん》半分に放った言葉でも、選手の心を取り返しのつかないレベルで深く傷つけることがある。言葉の使い方には重々気をつけなければいけない。

すべては「選手のため」。辛抱《しんぼう》と我慢も重要

学校の教員などでは、選手経験がない状態で顧問《こもん》や監督を務めなければいけない場合がある。そうした場合は、とにかく「裏方」に徹する意識が重要だ。

技術や戦術がわからなくて教えられない代わりに、食べ物や飲み物を絶妙なタイミングで差し入れしたり、試合会場の休憩場所を事前に確保したり、体調の悪い選手がいないか常時チェックしたりする。そのような気遣《きづか》いをしてもらった選手側は、「この人は卓球のことはわからないけれど、自分たちのことを考えて大事にしてくれているな」と、恩義を感じるものだ。

技術や戦術は選手に任せる。ベンチコーチをする時にも、少しかじったような知識であれこれ下手に指示するのではなく、「落ち着いてやれば大丈夫、大丈夫」と言ってニコニコしているほうがいい。そうやって良いムードを作ることができれば、選手は安心して楽しく前向きに戦うことができるはずだ。

とにかく、指導者としての考え方の一番の基本は、「選手のために自分がしてあげられることは何か」を一生懸命考えることである。練習を頑張り、試合を戦うのは選手なのだから、指導者は選手をサポートして輝かせることに全力を傾けるのだ。

選手が気持ち良くプレーできるための環境を整え、選手により一層の努力を促《うなが》すためにモチベーションを刺激し、選手がさらにレベルアップできるようなアイデアを授ける。そのように、すべては「選手のため」という思いを第一義に据《す》えて行動する意識を持たなければならない。

そして、心構えとして大事なのは、辛抱と我慢である。選手の態度が悪かったり、生意気《なまいき》なことを言ってきたりしても、すぐに感情的になって怒るようなことは控えなければいけない。腹の中は煮えくり返っていても、顔はニコニコしておいて受け止める。そのくらいの度量がなければ、指導者は務まらないと思っておこう。

06 選手の性格を「動かす」のか「殺す」のか

選手個々の性格を考慮したうえでの理想的な指導法とは、どのようなものだろうか。いかにして、選手の性格の良いところを勝負に生かし、悪いところを出させないようにするか。技術、戦術だけでなく、性格の影響まで考えた指導を心がければ、選手の可能性は広がっていく。

高度な技術を覚えさせ、ほめるアドバイスを

卓球は勝ち負けを争うスポーツ、すなわち勝負事《ごと》である。勝負事には、気長な人や気の短い人、気性《きしょう》の荒い人や穏やかな人……など、人の性格が必ず影響する。だから、すぐれた勝負師は訓練を重ね、自分の性格を表に出さないように、相手に読まれないようにするのだ。

しかし、人生経験の浅いジュニア選手の場合は、自らの性格を隠すテクニックを持たないため、

性格上の長所や弱点がプレーにはっきりと出てしまう。気性の荒い子は荒っぽいプレーになるし、おとなしい子はおとなしいプレーになる。そういったものを無理に矯正《きょうせい》しようとしても逆効果になる場合が多いので、基本的には好きにやらせることが大事だ。

たしかに、性格的にこの人がもっとこうだったら、と思うことはある。しかし、性格は生まれつきのものであって、そう簡単には直せない。それを指導者が偉そうに矯正しようとするなど、もってのほかだ。

性格的な欠点があったとしても、それがプレーに悪影響を及ぼさないようにすればいい。そのための方法とは、高度なテクニックをたくさん身につけさせることだ。とにかくレベルの高い技術を習得させることに多くの時間を割《さ》き、それを鎧《よろい》のように身にまとわせる。そうすれば勝てるようになり、勝てば心に余裕が生まれる。そうなると、性格上の問題はカバーできたも同然だ。

ただし、練習や試合の中で、相手に対して不快感を与えたり、傷つけてしまうような行動をとったりした場合には、きちんと指導しなければいけない。特に若い選手は、その時々の気分によって粗暴《そぼう》な態度をとったり、投げやりなプレーをしたりすることがある。そこは「性格だから」で片づけてはダメだ。相手に対して敬意を払うことや、卓球に対して真摯《しんし》に向き合うことはイロハのイであり、その部分はしっかりコントロールしなければいけない。

また、試合中や試合後のアドバイスでは極力、その選手のうまくいった部分をピックアップして評価し、ほめてあげることが重要だ。特にゲームを落とした後や敗戦後には、選手は落ち込んでいるわけだから、そこで失敗したことや敗因をくどくどと語っては、選手の頭にネガティブなイメージを刷《す》り込むことになってしまう。まして選手の性格を批判して「根性を出せ」などと言うのは、完全な間違いである。

一番大事なのは、次のゲームや次の練習に、選手が前向きな気持ちで入っていけるようにすること。問題点を把握し、その対策を練って戦術や練習内容に反映させるのは指導者の仕事であり、それを選手に押しつけてはいけないのである。

性格と真逆のスタイルで意外性を出させる

卓球は特に性格が出やすいスポーツと言われるが、プレースタイルと性格がきれいに一致していると、相手は非常に対策が立てやすい。性格どおりに、気性の荒い人が荒っぽいプレーを、おとなしい人がおとなしいプレーをしていると、相手としては勝負どころで、「この1本は無理に打たせてミスさせてやれ」「どうせ打ってこないから安心して先に攻められるな」というように、余裕を持って対処できる。

だから、練習段階から選手には、性格と真逆のプレースタイルを仕込んでおくことが、勝負強さ

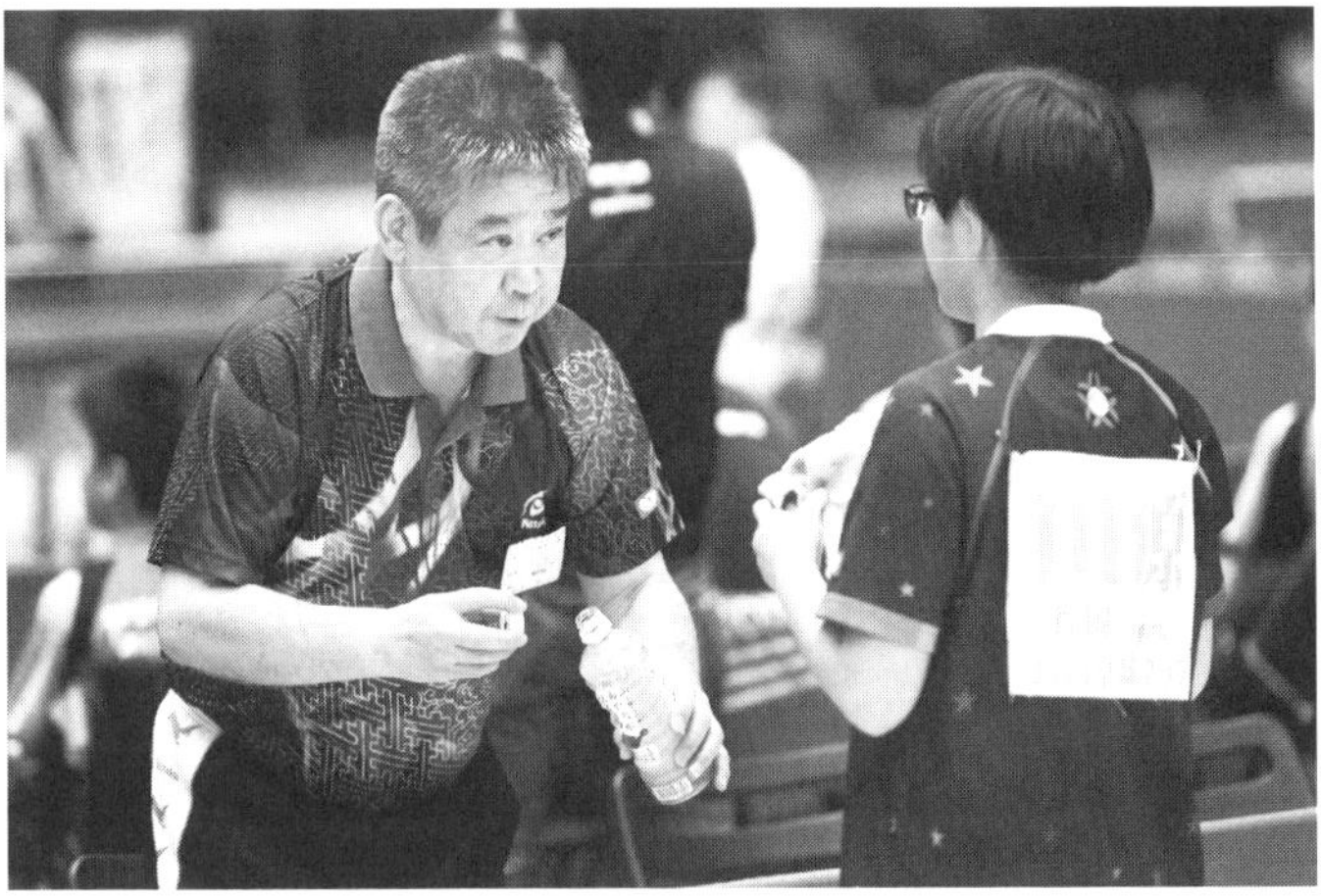

まずは選手個々の性格をしっかり把握して尊重し、その選手が勝ちやすい卓球を考えてあげること。それが指導者の仕事だ（写真はイメージ。17年全国ホープス大会より）

を育むという観点では望ましい。荒い性格の選手には、粘り強く我慢してプレーするスタイルを教え込み、逆におとなしい選手には、バンバン打たせて攻めまくる卓球を身につけさせる。

そうすると選手は、試合の序盤から中盤では練習で培《つちか》った性格と逆のプレーを主体にして戦うが、最も緊張感の高まる終盤の勝負どころでは、どうしても性格どおりのプレーが出てくる。相手としては、おとなしいと思っていた選手から急に攻められたり、荒いと思っていた選手が急に堅実にやってきたりするので、「ここでそう来るか」「それは読めなかった」という形で、計算を狂わされる格好になるのだ。

このやり方は非常に戦術効果が高いのだが、本来の性格に合わないプレーをさせられる選手の気持ちを考えると、指導者はただ単に「こうしろ」という指示だけ出すのではいけない。今の君が性格どおりにプレーしていると、試合であとこれだけポイントが足りなくなる。だから、こういった練習に取り組んで意外性を身につけることで、不足分のポイントを補《おぎな》って勝てるようにするんだよ――と、意図《いと》を説明して理解させるプロセスが不可欠である。

練習メニューの構成も、選手の性格を考えて

指導者はふだんの練習の組み方についても、選手の性格を考慮に入れるべきである。選手にはそれぞれ、好きな練習、嫌いな練習があるので、それをバランス良く組み入れて1日の練習を構成していくことが大事だ。

たとえば、選手の好きな練習から始めて、途中で大嫌いなメニューを入れ、最後にはまたハッピーになって帰れるようなメニュー構成にする。選手の気力の充実度を見ながら、「今日は気合いが入っているから嫌いな練習が多めでも大丈夫そうだ」とか、「今日は気分が落ちていて嫌な練習をさせると全然ダメそうだから好きな練習を多くさせよう」など、臨機応変《りんきおうへん》な調整をする――。

好き勝手にやらせるだけではいけないし、強制しすぎてもいけない。指導者がそのあたりのさじ加減をうまくやれば、選手は常に高いモチベーションで良い練習ができるはずだ。

また、男女の特性の違いにも配慮することが重要である。男子の場合は飽《あ》きっぽい性格の選手が多いので、放っておくと様々な練習を手当たり次第に行い、挙《あ》げ句《く》にはすぐにゲーム練習をやりたがる傾向がある。それ自体は悪いことではないが、一球一球への集中力が低くなることが多々あるので、緊張感を持ってやりなさい、という指示は耳にタコができるくらい言ってあげたほうがいい。

逆に女子は、ひとつのことに集中して取り組む、粘り強い性格の選手が多い。しかしながら、方向性が間違っていても修正できず、ずっと同じ練習を続けてしまう……というようなケースもあるので、そこは指導者がテコ入れしなければいけない。逆に言えば、正しい方向に導いてやれば、かなり高い精度のプレーを身につけることができるので、その選手のスタイルに合った「柱」になる練習を2、3メニュー提示してあげて、それを徹底的に磨き上げさせると、飛躍的に伸びていくことが期待できる。

いずれにせよ、指導者にとって選手の性格を把握し、それを良い方向に発揮できるよう導いてあげることは非常に重要である。選手の性格を無視して指導はできない、ということを肝《きも》に銘《めい》じておこう。

07 メンタルをどのように強化するのか

選手が勝てない原因について「あいつはメンタルが弱い」と言って片づけてしまう指導者は少なくないが、では、どうすれば選手のメンタルが強くなるのかを真剣に考える指導者は、非常に少ない。スポーツ、勝負事においてメンタルが弱いというのは大変なデメリットである。一朝一夕《いっちょういっせき》にできることではないが、指導者には選手のメンタルを少しでも強くしていく責任がある。

常に挑戦する気持ちとリスクの先読みが大事

選手のメンタルを強くしていく最良の方法は、とにかく経験と体験を積ませることだ。特に、自分よりも数段強い相手に対して勝つ気満々で向かって行くような試合を何度も繰り返すことが、メンタルを磨くのに一番役立つ。

大会で強い選手と当たると、試合をやる前から「もう勝てませんよ」などと弱音を吐《は》く選手がたまにいるが、そんなことでは全然ダメだ。指導者は、「たとえ相手が世界チャンピオンであっても、自分が勝つつもりでやれ」と言って選手を送り出していくべきである。

そのように挑戦者の気持ちでプレーすると、選手の打つボールは重みが増す。実際に相手をすればわかるが、本気で向かってきている選手の打つボールは、勝つ気のない選手の打ってくるボールと比べて、ズシッとした手応《てごた》えがあるものだ。それだけで、相手が受けるプレッシャーが相当違ってくる。

また、選手のメンタルは試合の途中で揺らぐことが多い。特に、何でもないボールをミスしてしまったとか、大事な局面で痛いミスが出た場合などは、大きくメンタルが崩れる危険性がある。そうした時には、「これはただの1ポイントに過ぎないんだ」という風に割り切って切り替えるよう、日頃から指導しておくと良い。

それから、接戦になった時に弱気の虫が騒いでしまう選手も多い。そうならないためには、競った時や苦しい時こそ攻めるんだ、挑戦するんだということを徹底的に教えておかなければいけない。

そのように、試合中に迎えるであろうピンチをあらかじめ先読みして想定し、リスク管理をしておけば、いざその時を迎えたとしても動揺しないで対処できるようになる。メンタルに不安がある選手に対しては、そういったプランニングを指導者が共同作業で行ってあげることが効果的なのだ。

そもそも、試合中にメンタルが崩れやすい選手は、自分の技術に自信が持てていないことがほとんどである。だから、指導者は練習で選手の技術をどんどんレベルアップさせることに最も注力しないといけない。

その中で有効なのは、選手が良いボールを打ったら練習中から本番の試合さながらに声を出してガッツポーズをするよう指導すること。そうすると、技術のレベルアップが助長されるとともに自信も増強され、強い気持ちで1試合を戦い抜く土台が築かれていくのだ。

強いメンタルの基礎は自主的な努力が築く

強いメンタルを築いていくための基礎は、何と言っても努力である。私は現役時代、長谷川信彦さん（67年世界チャンピオン）に勝って全日本選手権で優勝するためにはどうすればいいかということを考え、その当時の卓球界では取り組む人がほとんどいなかったベンチプレスなどのウエイトトレーニングを行ったり、片足1.5kgの特注シューズを履《は》き、両手にそれぞれ2.5kgの鉄アレイを持ってランニングするなど、まわりの人から「アイツはおかしくなったんじゃないか」と言われるほどの体力強化に挑戦した。

そういった中で身についた忍耐力、集中力、持続力がベースとなり、メンタルが鍛えられたという実体験がある。そして、それは誰にやれと言われたわけでもなく、自分自身で設定した課題を消化していたのだった。

チームの全体練習などで指導者から与えられた練習メニューをこなしているだけでは、技術もメンタルも絶対に強くならない。自分が挑戦するべき課題を自ら見つけて自ら取り組んでいく自主性が大事なのだ。

その方法が正しいか間違っているかはともかく、自分の夢や目標を達成するためには何が不足していて何が必要なのかを自分自身で考え、実践していく。そうすると、何らかの結果が出る。成功であればもっとやろうということになるし、失敗であればアプローチを変えてリトライすることになるが、いずれも非常に貴重な体験だ。

そうしていつの日か目標をクリアできたら、努力したことは結果に結びつくんだという自信を得ることができ、それがメンタルの強さにつながっていく。指導者としては選手に、そういった自主的な努力こそが結果を出すために必要不可欠なんだということを、しつこいくらい説《と》いていくべきだろう。

特に現代の若者は努力を嫌う傾向が強くなりつつあるので、努力が結果になる過程を学習させることは非常に重要だ。そういう意味では、最初は指導者のほうからあまり難しくない課題を与え、それをクリアさせていくのも初期段階の補助としては悪くない。だんだん課題を難しくしていき、最終的には自ら課題を設定できるようにしていく。

そうやって、努力によって結果が出ることの面白さや喜びを教えることが、選手のメンタルを強くする第一歩と言えるだろう。

人間性を磨かせること、日常生活を見直すこと

指導者は選手に、いろいろな本を読んだり講話を聞いたりして、知識を広げ感性を豊かにすることが大切だと教えていく必要がある。卓球の試合も、最後は人間と人間の勝負になるから、日頃から人間性を磨くように意識させておかなければいけない。

また、選手個々の特性を理解し、尊重してあげることも指導者の責務だ。傲慢《ごうまん》そうに見えて実は繊細な心の持ち主だったり、おとなしく見えて実は非常に芯《しん》の強い選手だったり……よく観察してコミュニケーションを密にし、その選手にしかない良さを見つけてあげて、それを伸ばす。そういった指導をしていけば、選手は自分に自信を持つことができるようになり、それが内面的な強さを裏づける要素となるのだ。

そして、選手のメンタルが強くなるかどうかは、実は卓球の練習やトレーニングよりも、日常生活をきちんとできているかということが大きくかかわっている。日常の生活習慣がゆるくてあまいような選手は、厳しい練習に耐えられない。厳しい練習ができないと、やはりメンタルは強くなら

高校卓球界で全国大会通算100回以上の優勝記録を持つ名将・吉田安夫氏（元青森山田高校卓球部監督／写真右手前：故人）。日常生活におけるストイックさは有名だった

ないのだ。

逆に言えば、メンタルが強い選手は必ずと言っていいほど日常生活がきちんとしている。1日の行動が計画立てられていて、細かいことにも妥協《だきょう》せず、ストイックに規則正しい毎日を過ごす。メンタルを強くしたいなら、まず日常生活を見直すことだ。

さらには、選手にそういった指導をする以上、指導者自身も日常生活を律《りっ》しなければいけない。競技面のみならず、生活面でも選手の模範となるべきなのだ。自らの日常生活が乱れていては、選手のメンタルを非難する資格などない。

メンタルが強くなるのも弱くなるのも、1日24時間の生活の仕方次第。そう考えると、毎日を粗末にしなくなるはずだ。

08 選手が100人いれば100通りの指導がある

選手が100人いれば、教え方も100通り。
一人ひとり性格は違うので、ほめて伸びる選手もいれば、叱咤《しった》して伸びる選手もいる。
指導する人は、選手に合わせた臨機応変な指導が必要だ。

選手の指導、距離感は相手によって変化する

指導者は、それぞれの選手に合わせた指導を心がけよう。指導者が選手に近づいたほうがいいという人もいれば、近づき過ぎたら嫌がる選手もいる。男女でも指導法は変わってくる。その指導法というのは、ありとあらゆる方法がある。選手が100人いれば、100通りの指導法があるのだ。

もちろん、マンツーマンが一番強くなる道であることは間違いない。その選手に時間をすべて使

うわけだから。

２００１年世界選手権大阪大会で武田明子と川越真由がダブルスで世界3位になった。その時、2年間私が指導した。ダブルスでメダルを獲ったあとに、シングルスも頑張るように武田にエールを送ったが、うまくいかなかった。しばらくして、私の指導を断ってきた。あとで聞いたことだが、「高島さんの指導は優しすぎる、怒られたことがない」と言っていたそうだ。武田は小さい時から怒られ、叱咤激励されて伸びるタイプだった。だから、私の指導は合わなかった。本人の要望があれば怒る指導をしたかもしれないけど、私はもともと怒るのが嫌で、ほめ殺しタイプなので、怒って伸ばすやり方はできなかったのだろう。それが彼女には合わなかった。そういうタイプの選手もいる。

指導者も、指導者自身が日々改革していかないと良い評価はもらえない。この指導者についたから強くなったと言われる場合もあれば、この指導者でなかったらもっと強くなったのにと言われることもある。

最近の指導者は、ひとつのやり方で貫く人が多い。強い学校ほど、そういう傾向が強い。「俺のやり方で勝った」「俺のやり方だから強くなった」と、自分のやり方にこだわり、他を見ない。それはマイナスの部分では、高校で頑張って卓球をやっていて成績も出せていたけれど、大学に入ってその指導者のやり方と合わなくて、大学に入ってからは卓球をやめてしまった選手も少なくない。

コーチ（指導者）というのは、技術・戦術にすごく長《た》けた人もいれば、そういう部分の指導はできないけど、試合と同じような緊張感・臨場感を持たして練習設定ができるという人もいる。その人がにらんでいるだけで、一本も無駄な球を打てないとか、集中力を緩《ゆる》めることができなくなる。それはそれで必要なことだ。もちろん、両方が備わっている指導者がいたらいいのだろうけれど、なかなかそういう人物はいない。

私が熱海《あたみ》の樋口俊一さんの指導を受けた時に、この人にならついていけるなと思ったのは、それまで自分なりに考えて自分で分析して、すべて自分で行ってきた自負があったけれど、それらすべてにおいて、歯が立たなかったからだ。

ある日、大阪の星野展弥さん（元世界ダブルスチャンピオン）という方の紹介で、樋口さんに初めて会うことになって、熱海に行った。朝着いて練習していたのだが、樋口さんは出かけてしまって全然帰ってこない。夜の11時頃になっても帰ってこないので、部屋に戻って寝ていた。そうしたら夜中に電話がかかってきて、「今、先生（樋口さん）が帰ってきたから事務所に来なさい」と言われた。「君たちは何しに来たんだ？」と聞かれ、やって来た理由といきさつを説明した。私のことは事前に情報が伝わっていて、樋口さんが「お前は、自分の卓球をどういうふうに考えているんだ？」と聞くので、自分の卓球についての考えを1時間にわたって喋《しゃべ》った。「おおそうか、わかった」と言って、そこから練習が始まった。夜12時から2泊3日、ずっと練習で、ほとんど寝ていない。

結局、最後は全身筋肉痛でボールが拾えなかった。「部屋までの階段は昇れるか?」と聞かれたので、「足が痛くて昇れそうにない」と答えたら、樋口さんは「逆《さか》さで上がれ」と。頭を下にして階段を上がれ、と言うのだ。実際やってみたらできた。こんなことも知っているのか、と驚いた。

樋口さんの話すことはスケールが大きくて、一般常識を超えることが多かったけれど、最後には納得させられることばかりだった。だからこそ、この人について行こうという気にさせられた。

1973年の世界選手権サラエボ大会に私が出場した時のこと。我々の時代のカリスマ指導者に、荻村伊智朗（元世界チャンピオン・元国際卓球連盟解消）さんがいる。荻村さんが団体戦の途中で飛んできて、「高島、お前ほど広い範囲で動いて拾いまくる選手は今まで見たことがない。そんなに動けたら、世界中のどんな選手とやっても勝てる」と言ってくれた。そう言われたらその気になるのは当然だ。その言葉がけのタイミングも指導者の力量だろう。

第2章

強くなるための練習を考える

09 規則練習とランダム練習

旧来、日本の卓球界では、規則練習が「通常の」練習であり、ランダム（不規則）練習は「特別な」練習である、という認識がなされてきたように思う。

しかし、実戦はすべてがランダムである。

規則練習ばかりをやらせていたのでは、実戦に強い選手を育成することができない。

ここでは、規則練習とランダム練習、それぞれの意味や使い方について考えてみよう。

高い集中力で規則練習を行うための工夫

まず、ワンコースでボールを単純に打ち合う、といった規則練習は、あるレベル以上の選手にとっては、その日の自分の打球の調子を見るための練習であり、基本的に、あまり時間をかけて行わせるべきものではない。

しかし、ワンコースでラリーを続ける練習であっても、高い意識を持って行うのであれば、話は別だ。たとえば、選手に対し、「頭の中で、もしかしたら、次のボールは逆コースに来るかもしれない、と思いながら打ちなさい」と言って、練習させる。すると、選手は常に逆コースへの返球を警戒・想定しながらラリーを続けることになり、ふつうにボールを打つよりも、高い集中力が必要な練習になる。

実際、ワンコースでのラリー練習の最中、相手がラケットの角にボールを当てて、急に違うコースにボールが飛んでくる、というようなことがあるが、それに瞬時に反応して返球できるかどうか。同様に、ネットインやエッジボールに対しても、必ず反応して、何としてでも拾いに行く意識が重要である。

そのような、偶然に発生したボールこそ、最も練習しがいのある、上達するためのポイントなのだ。意識レベルの低い選手の場合は、「ちゃんとしたコースに返ってこなかった」と思って、ボールをフリーハンドでつかんだり、全く反応を示さなかったりするが、それではいけない。もし、拾いに行かない選手がいたら、厳しく指導するべきである。

ちなみに、ヨーロッパ選手の練習では、ワンコースでしばらく打っていたかと思うと、突然、片方の選手がコースを変え、それにもう一方の選手も平然と対応し、そこから全面での打ち合いが始まる、といった光景をよく目にする。そのような訓練を日常的に行っていれば、いついかなる時に突発的な状況が発生しても、対応できるような能力が身についていく。

また、単純に思えるワンコース練習も、少しの工夫を入れることで、より高い集中力と技術力が身につく訓練にグレードアップさせることができる。たとえば、フォアクロスでフォアハンドのラリーを行う時に、互いの選手が、決まった一点を狙うのではなく、相手コートの半面にわざとボールをばらつかせて打球する（図1参照）。すると、双方の選手が、相手がどこに打ってくるかということを注意深く観察し、ばらついて来るボールに対して、しっかり足を動かして対応するようになっていく。

　そのように、規則練習であっても、神経を研ぎ澄《す》ませていなければラリーが続かない、という状況を作れば、おのずと

フォアクロスのランダムラリー　**図1**

互いがフォアクロス半面に、打球をばらつかせて返球し、ランダムは動きを入れてラリーを行う。単純な練習だが、ミスをせずに続けるには、高度な集中力が要求される

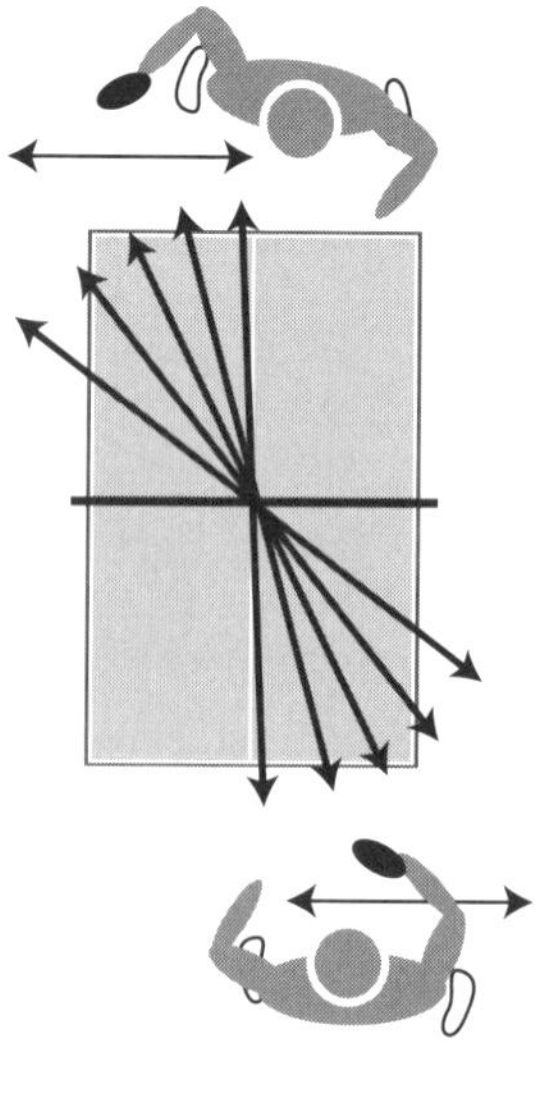

レベルが上がっていく。くれぐれも、低い集中力の練習をダラダラと続けさせないようにすることが重要だ。

選手のレベルを問わずランダム練習は有効

高い集中力が身につくという意味においては、やはりランダム練習のほうが、規則練習よりも効果的である。どこに来るかが決まっていないボールを打ち返すわけだから、規則練習の何倍もの反射神経が必要になるし、その中で、的確な打球動作をキープしなければならず、テクニック的にも高度な能力が要求される。

逆に言えば、ランダム練習をたくさん行うことで、選手の集中力、反射神経、技術力が向上していくのだ。そうなると、選手としても、卓球がますます楽しくなってくる。

気をつけなければいけないのは、選手のレベルに合わせて、練習課題を与えることだ。技術が未熟な選手に、あまりに難しいランダム練習をさせると、フォームを崩す原因になったり、打球タイミングがとれなくなったりすることがある。

指導者は、常に選手のレベルアップを考えたレベル別のランダム練習のメニューをいくつも用意しておき、この選手ならここまでできる、この選手はこの程度にしておいたほうがいい……というように、選手の技術水準に合わせて提供することが望ましい。

指導者によっては、初級者のうちはランダム練習を全く採り入れず、規則練習だけをさせたがる人もいるが、初級者のうちから、ランダム練習はやらせたほうがいい。多球形式で、ボールのスピードやピッチをゆっくりにすれば、初級者でも十分、実のある練習ができる。

その際、どうしてもランダムに対応できない、コースが読めないという選手には、ボールの予測コースの「見方」を教えてあげると良い。ランダムが苦手な選手は、たいていの場合、自分のコートに入ってきたボールを見て、ようやくコースがわかる、という形になっているのだが、それでは遅い。そうではなく、相手の打球がネット上に見えた時、ここに見

ネット上のボール位置でコースを読む **図2**

相手がSの位置から打球した場合、ネット上のAの位置にボールがあればバック、Bの位置ならばミドル、Cの位置ならばフォアへ来ると、予測ができる。
そこに注目することで、コースが読めるようになってくる

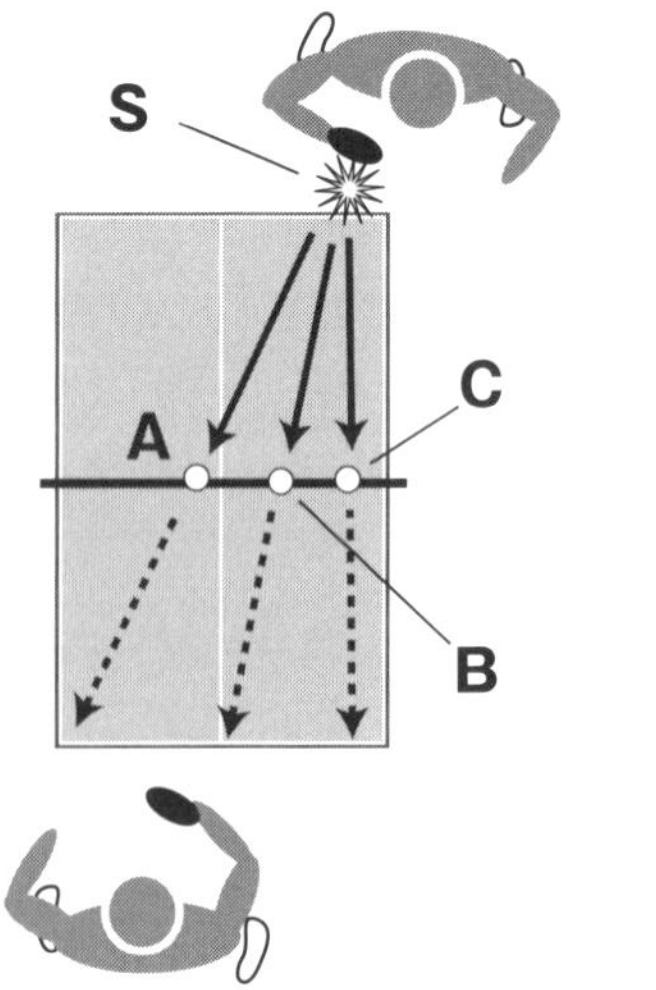

えたらこのコースに来る、という予測ができるように指導していく（右ページ図2参照）。

そのようなコツは、教えなくてもわかる選手はわかるので、必要のない選手には教えなくていい。選手には、教えなくてもできる、少し教えればできる、かなり教えないとできない……というように、様々なレベルがある。できる限り、選手が自分で考えて努力する過程を邪魔しないようにするのも指導者の務めである。

「模範試合」ができるレベルを目指させる

話は少し変わって、私の現役時代のエピソードを紹介する。当時、私が指導を受けていた樋口俊一氏は、静岡県熱海市のホテルのオーナーだったのだが、私や、79年世界チャンピオンとなった小野誠治選手などは、そのホテルのロビーでよく練習していた。そして、樋口氏は、私たちに時折、「模範試合をやりなさい」と、言ってくることがあった。

正直、これが大変なプレッシャーで、恐ろしかった。ホテルには、当然ながら卓球とは無関係の宿泊客がいて、そういった人々の前で、「魅《み》せる卓球」をしなければいけない。簡単にミスしていては、観衆におもしろくないと思われてしまうので、ミスができない。しかも、試合なので、すべてがランダムな状況の中で、ノーミスのプレーを求められるのである。

勝負はさておき、一般の人が見ても「すごいな」と思われるレベルの技を見せる。どこへどんなボールが来ても、自分の全テクニックを駆使して、一切ミスのないプレーができる。ある意味、それは究極のランダム練習であった。

スポーツというものは、まず自分が興味を持ち始めて、自分のために強くなっていくのだが、その先には、「魅せるプレー」ができる選手になることが大事だ。たとえば、役者であれば、最初のうちは、役をもらって一生懸命練習するだけだが、そのうち、それを人が見て感動するところまで仕上げていく。すると、一流と言われるようになる。

それは、スポーツ選手も同様だ。初期段階では、自分のためにいろいろな技術を一生懸命練習して高めるけれども、上達して、試合の舞台が大きくなれば、広く一般の人に見てもらうようになる。そこで、人々が感動するようなプレーができるかどうか。

指導者としては、そのような最終的なイメージを持って、選手の育成を行うべきだと、私は思う。その際、「模範試合」に耐えられるレベルの選手を育てる、というのは、ひとつの目安になるだろう。

一般の人に「魅せる卓球」をできるまでレベルを高める。写真は現役時代の筆者

10 多球練習と一球練習

卓球の訓練法には、大きく分けると、
たくさんの球をどんどん打つことで上達を促進させる多球練習と、
1個の球でサービス・レシーブからの展開やラリーなどを行い、実戦力を強化させる一球練習がある。
それぞれにメリット・デメリットが異なるため、指導者は、練習目的や選手のタイプに応じて、
この2つの訓練法を使い分けていく必要がある。

多球練習の4つの効果を認識して活用する

まず、多球練習について解説しよう。私が考える多球練習の主な効果には、次の4点がある。

ひとつ目は、打球タイミングやスイングスピードが速くなること。送球者が一球一球を矢継ぎ早に出すことにより、技術をハイスピードで反復させることができるため、そういった効果が期待できる。

2つ目は、実戦的な反復練習ができること。選手それぞれの得意パターン、もしくは失点が多いパターンを組み込み、試合本番を想定して繰り返し訓練することで、特長を強化したり、弱点を補強したりすることができる。

3つ目は、下回転系のボールに対する打法の集中強化ができること。通常、攻撃選手同士で練習を行うと、前進回転＝上回転系のボールを打つ量が多く、下回転系のボールを打つ訓練が不足しがちになる。多球練習は、このアンバランスを解消する練習として、非常に高い効果がある。同様に、台上のテクニックなども、一球練習では反復訓練が行えないので、たくさん練習すると良い。

4つ目は、数字で追い込む練習がやりやすいこと。たとえば、多球でフットワーク練習を行わせる際、100本中何本ミスが出るか、ということをチェックしておく。その合格ラインを、10本、5本、1本……と少なくしていくことで、技術の精度を高めていくのだ。多球練習では、いたずらにピッチやスピードばかりを追求すると、選手の技術を雑にさせてしまう危険性があるが、成功確率に対するチェックを行うことで、そういったデメリットをなくすことができる。

また、カットマンや、粒高・アンチなどの変化系ラバーを使っている選手などは、プレー中にボールの回転が様々に変化するため、特に初中級レベルだと、なかなか一球練習でのラリーが続きにくい。そのため、練習の大半を多球で行わせたほうが、断然、上達が早くなる。上回転系と下回転系のボールを自在に混ぜて訓練できる多球練習は、特殊な戦型の育成にはもってこいだと言える。

そして重要なのは、多球練習の球出しを、積極的に選手にさせることだ。多球の球出しでは、ボールを短く出す、長く出す、下回転を切る、ドライブをかける……など、様々なボールタッチが要求される。つまり、球出しが上達することは、ボールタッチの向上にダイレクトにつながるのだ。

選手のレベルが低いと、球出しがなかなかうまくいかず、練習するほうの選手の訓練効果も下がってしまうので、初級者に球出しをさせたがらない指導者も多い。しかし、そこは我慢強く指導して、選手にきちんとした球出し技術を身につけさせることが重要だ。

以上のような点に留意して活用すれば、多球練習は、チーム・選手の強化に大いに役立つだろう。

多球練習は、単に打つだけではないと教える

また、多球練習は体力を使う練習なので、中にはやっているうちに疲れてきて、構えがだらけてしまったり、入りもしないのに全力で強打するなど、いい加減なプレーをしてしまう選手もいる。

特に、チームの中心選手は、大会前になると集中的に鍛えられるため、「なんで自分ばかり、こんなキツイ練習をしないといけないんだ」と思って、態度を悪くしてしまう場合がある。そのような選手には、次のように言って指導すると良い。

「ここには、君に勝ってほしいと思って、自分が練習したいのを我慢して、ボールを一生懸命拾っ

多球練習が多い中国の練習。大会の練習場でも、試合前の選手にコーチが球出しをする光景がよく見られる。試合が始まったら、すぐに体が動き出せるようにしている

てくれている仲間がいる。彼らのためにも、きちんと練習しないといけないんじゃないか」……と。

チームのエースであっても、決して傲慢にさせず、自分の置かれている立場を謙虚にとらえ、「球を拾ってくれる人がいるから、自分が球を打てるんだ」ということを理解させる。そうすると、選手は決して投げやりにならない。一方の球を拾う係の選手にも、中心選手が休憩している間に、わずかな時間でも球を出してあげて、練習をさせてあげる。すると、その選手もまた、一生懸命になる。そういった良い連鎖《れんさ》を作り出すことが、選手間の円滑《えんかつ》な人間関係やチームワークを生み出していくのだ。

このように、選手の練習姿勢に問題が出てきた時には、決してひとりで卓球をしているわけじゃない、ということを教えてあげるのが、指導者の

役目である。ただ練習をさせて、選手を競技者として強くするだけでなく、人間として大切な感謝の気持ちや、思いやりの心を育てるといった教育的配慮も、指導者には、必要なのである。

一球練習はノーミス、かつ実戦的に行わせる

一方、一球練習は、とにかくミスをしないんだ、という意識で行わせることが重要である。一球練習でミスが多いと、ひどい場合は、打っている時間よりもボールを拾うための時間が多いなどという、非効率で効果の低い練習になってしまうので、ミスの少ないプレーができることは、質の高い一球練習を行ううえでの大前提と言える。

多球練習は、ミスをしないことよりも、いろいろなボールを打つ中で、感覚、タイミング、スイングなどを覚えていったり、強化していくのを主眼とする技術練習だが、一球練習は実戦練習である。本番の試合で不用意なミスが許されないのと同様、まずは命中率を下げないこと、ミスをしないことが意識の中心になければいけない。

ただ、ミスをしない練習をしなさい、と言うと、ワンコースでラリーを続けるだけであったり、ボールのスピードや回転を極端に落とした状態でプレーするなど、実戦からかけ離れた、低レベルの練習になる危険性がある。

もちろん、初級者のうちは、ある程度ボールのレベルを落としたラリーを続けさせることも大事だが、中級以上の選手にとっての一球練習では、より実戦的に、「自分が1ポイントをとるためのパターン」を練習させるべきである。

サービス・レシーブから、それぞれの選手が得意とする形に持ち込み、最終的にウィニングショットを放って得点する。そのようなパターンをたくさん作り、繰り返し練習し、ミスが出ないように鍛え上げていくのである。

このパターンは、サービスから3球目の一発強打で終わらせる速攻戦術的なものから、14球、15球と続けたうえでフィニッシュする長期戦術的なものまで、様々に考えて作っていくと良い。その中で、パターンの最中には決してミスをしない、という高い意識で訓練を積ませるのだ。

もちろん、対応力を高めるためのランダム練習も並行して行うべきだが、得点力を高めるためのパターン練習、そして、その中でミスをしないという訓練は、それぞれの選手の地力、基礎力、集中力を高めるものなので、たくさん行っておくといい。

11 素振りでスイング力を高める

現代卓球の技術はかなり高速化、複雑化が進んでいる。そのため、これからの選手には、よりスピードのあるスイングや、状況に応じて様々なスイングを使い分ける、より高度な柔軟性が要求されてくる。それに対応するために私が推奨するのが、素《す》振《ぶ》り練習である。現代卓球に通用する素振り練習について考えよう。

両ハンドの切り替えをフルスイングで素振り

まず、切り替えの素振りを紹介しよう。現代卓球では、フォアハンド、バックハンドを高速で自在に切り替えながら、チャンスがあれば、一撃で決まる威力を持った、必殺の強打を放っていく能力が必要とされる。

そのような切り替えのスピードと、強いスイングを両立させるためには、まず、スイングの土台である、両足のスタンスがしっかりと固定されていることが重要だ。そのため、切り替えの素振りでは、左右の足を平行に、広めに開いたうえで、そのスタンスを動かさずに、両ハンドをフルスイングするところから始める（図3A参照）。

イチ、ニと数を数えながら振るのだが、この時、イチでフォアハンドとバックハンド両方を間髪《かんぱつ》入れずにフルスイングしていく。ニで、またフォア・バックをフルスイング。それを50まで数えて、合計100スイングする。それから、今度はバックハンド、フォアハンドの順で振るようにして、これも50まで数え、100スイング行う。並みの体力の選手であれば、この時点でかなりバテるだろう。

両ハンドフルスイングの切替素振り

図3

Aは、両足のスタンスを踏み替えず、上半身のボディーワークでフルスイングして切り替える素振り

Bは、フォアハンドでは左足前、バックハンドでは右足前のスタンスに踏み替えて、フルスイングの素振り。
いずれも、両足がしっかり着地した状態で、スイングすることが注意点だ

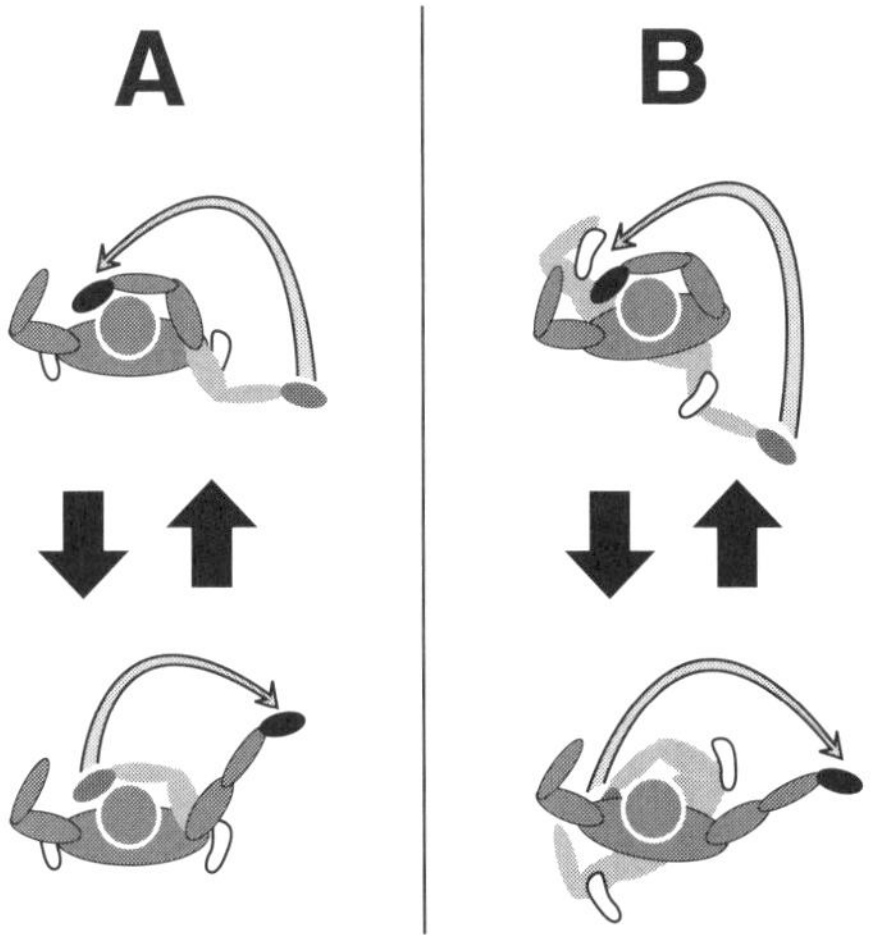

次に、足を踏み替えながら両ハンドを切り替える素振りを行う(73ページ図3B参照)。右利きの場合、フォアハンドの時は、左足を前に出して右足を後ろにする。バックハンドの時は、右足を前にして左足を後ろにする。このように、足の踏み替えも行いながら、フォアハンド、バックハンド両方をフルスイングしていく。これを、50まで数えて100スイングし、そのあと、バックハンド、フォアハンドの順でも100スイングする。足がきちんと着地してからスイングを開始する、という点に注意して行うことが、重要なポイントである。

全部で、200数えて400スイングを行う。トップレベルを目指す選手なら、そのくらいの振り込みが必要だ。もちろん、選手のレベルに応じて、数は増減させて構わない。このような素振りを行うことで、スイングが非常に速くなり、両ハンドの切り替えも早くなって、足のスタンスも安定してくる。初・中級者やジュニア選手にはもちろん、ある程度のレベルに到達している選手であっても、〝だまされたと思ってやってみろ〟と言ってさせてみれば、予想以上の効果を得られるはずだ。

手首・ひじ・肩・全身——部位別の素振り

ただ、卓球は、いつでもフルスイングができる競技ではない。台上に小さなボールを出された時や、体の近くに差し込まれた時、速いボールで攻められて時間に余裕がない時など、スイングの大きさを変えて、それぞれの状況に対処する柔軟性がなければ、正確なプレーができない。

そこで、素振りも、体のいろいろな部分の関節を中心とし、スイングに大小の幅を持たせて行う工夫が必要になる（図4参照）。まず、一番小さなスイングとして、手首の関節を中心とした素振りを行う。これは、腕を前に出し、台上のボールを払って打っていくイメージで行うと良い。

次に、ひじ関節を中心とした素振り。前陣での早いピッチのラリーなどで、最も活躍するのが、このサイズのスイングだ。さらに、肩関節を中心とした素振り。中陣に下がって時間に余裕がある時や、

手首・ひじ・肩・全身の素振り **図4**

Aは手首中心、Bはひじ中心、Cは肩中心のスイング。これら4種類のスイングを素振りで練習する。バックハンドでも同様の素振りを行う。速く、鋭く振ることを意識する

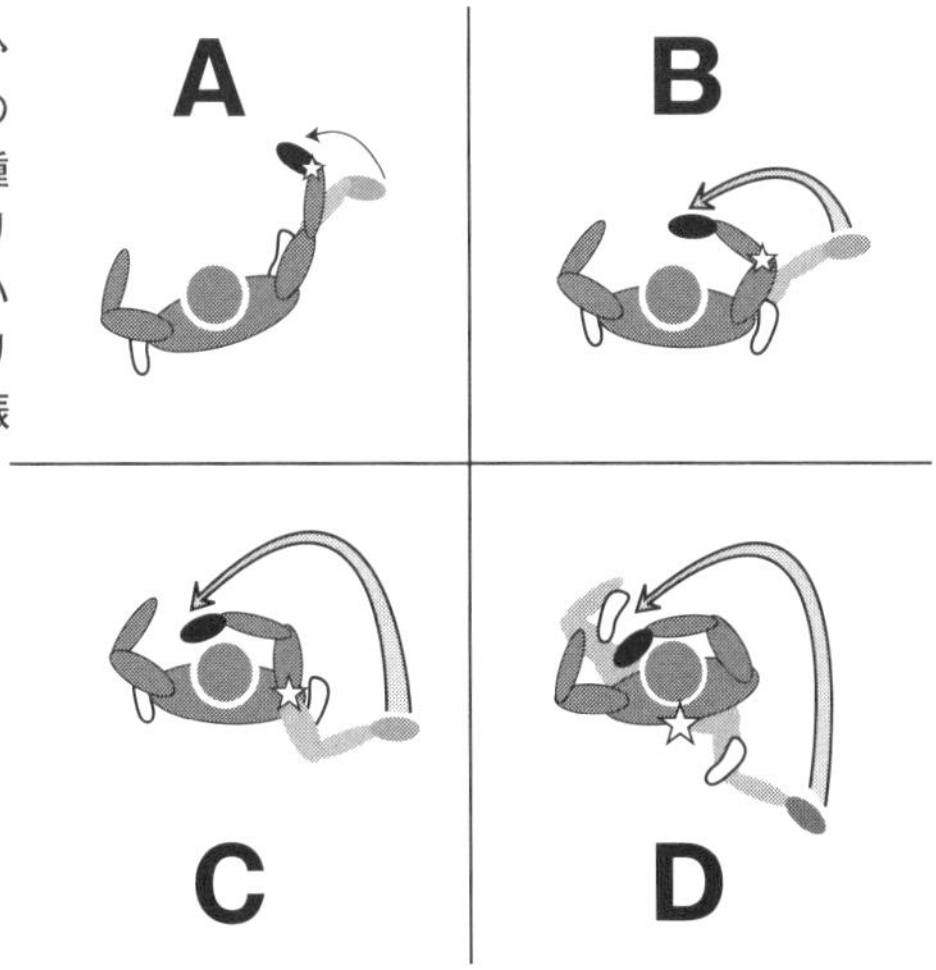

チャンスボールが来た時などは、このサイズのスイングで十分な威力を出していく。

そして、最後は全身を使った素振り。右利きのフォアハンドスマッシュであれば、後ろに引いた右足から、前に踏み込む左足に向かって体重移動をしながら、全身のひねりも加えてフルスイングする。フォアハンド、バックハンドの両方で、これらの各関節、および全身運動を意識した素振りを行っていく。

また、この素振りは、前に打つ形だけでなく、上方向へのループドライブを意識した形でも行うと良い。手首中心、ひじ中心、肩中心、それぞれのスイングで、下から上に振り上げる素振りをする。さらには、全身を使って、下から上にジャンプをしながら、天井に向かってラケットを突き上げるようにして、フルスイング。このようなスイングを練習しておけば、相手がさばききれないほどの回転量を持ったループドライブをかけられるようになる。

技術というものは、形だけ覚えても、そのボールに威力がなければ、相手に対するプレッシャーにはならない。このような素振りを、鋭く強く、繰り返し行っていくことで、身につけた技術のみが増し、得点力、実戦力の強化につながっていくのである。

素振りを打球練習や実戦にリンクさせる

素振りで身につけたスイングは、打球練習で洗練させていく。素振りのスイングと、実際に打球する時のスイングが極端に違ってしまわないよう、指導者は、丁寧《ていねい》に練習を見ていくことが重要だ。

まずは、多球練習で、フォアハンド、バックハンドを1本ずつ切り替える練習を行う。この際、練習する選手は足を平行に開いておき、スタンスを固定する。送球側は、練習者が移動しなくてもスイングできる場所に、正確にボールを送ることが重要だ。

続いて、練習者は左足前でフォアハンド、右足前でバックハンド……と、スタンスを踏み替えながら強打する。送球者は、ややゆっくりしたボールを、やはり練習者の打ちやすいところへ送ることが大事である。

とにかく、まずはスタンスがしっかりと固定された状態、両足がしっかりと着地した状態でスイング、打球ができることを優先して、練習させることだ。そういった基礎、良いクセを身につけさせてから、ラリー練習、フットワーク練習、ランダム練習などに移行していくと、打球の威力が確保された状態で、オールラウンドな能力を身につけることができる。

また、手首・ひじ・肩・全身の各関節や部位を意識したスイングも、打球練習をする際には、最初は多球形式で、フットワークをさせず、スタンスを固定して行うと良い。

台上の短いボールを、手首中心で払う。早いピッチで出てくるボールを前陣で、ひじ中心のスイングを使って連打する。ドライブがかかったボールを中陣から、肩中心のスイングで強く打ち返す。高く上がったロビングボールを、足の踏み込みと全身のひねりまで使ってダイナミックに打ち込む……そのような動作で1球ずつ打つ練習を重ね、打法の完成度がある程度高まったら、それらを組み合わせたり、ランダムにしたり、サービス・レシーブから実戦の形に組み込んだりしていく。

そうやって、打球練習とリンクさせ、さらに、それを実戦で役立つものにしていけば、選手は意味をよく理解したうえで、素振り練習に取り組むことができるだろう。

世界のトップを狙う張本智和のフォアハンドドライブ（写真は2019年ジャパントップ12より）。ボールを実際に打球することをイメージして素振りを行う

第3章

卓球のプレースタイル、強化のツボ

12 用具と戦型を見直すことで停滞期を抜け出す

卓球は選手が使う用具によってプレー内容が大きく変わる競技である。選手が自らのスタイルに合った用具を選択していない場合は、指導者が調整する必要がある。また、伸び悩んでいる選手の用具や戦型を変更することで、停滞期を抜け出すきっかけを作ることも可能だ。ただ、やり方を一歩間違うと、選手の調子を崩すことにもつながるため、判断は慎重に行わねばならない。

時間をかけて試行錯誤《しこうさくご》。長所を生かす選択を

用具や戦型の選択においては、万人に適合するような唯一の正解などない。どのような用具がその選手に合っているのか、どのようなプレースタイルを作っていけば勝てるようになるのか。それを指導者と選手が共同作業で探っていかなければいけない。

選手がそれまでやってきたプレーのやり方を変える場合には、少しだけ変更を加えるマイナーチェンジ型と、抜本的《ばっぽん》にスタイルを見直すフルチェンジ型という2つのパターンが考えられる。

マイナーチェンジ型では、打法や卓球台との距離、打球点などを調整・変更する。たとえば、ドライブ打法がメインだった選手にフラット打法を多用させたり、台から離れ気味《ぎみ》で打球点が低かった選手を前陣につかせてライジングで打つように変えたり……といった具合だ。その中で、必要に応じて用具やフォームも変えていく。指導者には、その小さな変更を選手の勝率アップにつなげる、という視点が求められる。

一方のフルチェンジ型では、シェークハンドの選手をペンホルダーに変える、攻撃型の選手をカット型に変える……というように、戦型自体を根底からひっくり返すような変更を行う。これは劇薬だが、指導者と選手双方に「いける」「やってみたい」という感覚があれば、トライしてみる価値はあるだろう。

いずれの場合も結果を急ぐ必要はない。指導者は選手の特性を見極め、選手としっかり話し合い、方向性を決めて少しずつ練習を積み重ねていく。うまくいかない部分があれば、元に戻してもいいのだ。これしかない、と凝《こ》り固まってはいけない。いろいろとチャレンジや工夫を繰り返し、常に「より良い卓球をするにはどうすればいいか」を追求し続けていくことが重要である。

用具に関しては、まずはオーソドックスでクセの少ないものから使用させるべきだ。その中で、その選手のプレーの「柱」となるショットを見つけ出し、それが生きる用具に変更していく。ドライブが素晴らしい選手であればそのドライブが、スマッシュの感覚にすぐれた選手ならそのスマッシュが、カットの切れ味が鋭い選手ならそのカットが、より輝きを増すようなラケット・ラバーに変更していこう。

重量や弾みを適正にし、感覚を何より大事に

卓球のラケット・ラバーは手の代わりにボールを扱うために、非常に繊細な感覚を要する用具と言える。ほんの少しの違いで、ボールが入ったり入らなかったり、回転がかかったりかからなかったり、スピードが出たり出なかったりする。だから、選手は自らの用具に対してものすごく神経を遣うべきだし、指導者は選手の調子がおかしい時に、用具をチェックするクセをつけておくべきだ。

まずは、重量のチェック。レベルがあまり高くない選手だと、自分のラケットの重量を知らない・把握していない場合があるが、絶対にそれではいけない。私自身、現役時代になぜかボールが狙ったところに行かないことがあり、ラケットの重さを測《はか》ってみたところ、ベストな状態から2グラム軽かったということがあった。そこでサイドテープを2グラム分貼って再びプレーしてみると、狙ったところにドンピシャで行くようになったのだ。そのくらい、選手の感覚というのは繊細にできている。

19年の世界選手権で、フォアに粘着ラバー、バックにテンションラバーという中国スタイルで大躍進した安宰賢（韓国）。当時、世界ランク157位ながら3位に入賞

自分のラケットが何グラムであれば、コントロールや威力が最適化されるのか。選手にはそれを把握させ、指導者も常日頃からチェックするようにしておくべきだ。特に、ラバーを新調した時には重量が変化しやすいので、注意が必要である。

また、感覚を大事にするという意味では、初中級レベルの選手には必ず、弾《はず》みの抑えられたラケット・ラバーを使わせるのが良い。インパクト時にボールがラバーにグッと食い込み、なるべく接触時間が長く感じられるような用具を与える。卓球はボールタッチが最重要なスポーツだが、このタッチというものは指導者には教えることができない。選手自らが覚えていくしかないものなのだ。それを覚えるためには、弾まない用具を使うのがベストだ。

最初から弾みが強い用具を使うと、「ボールを持つ」感覚を身につけられず、正確なボールタッチを覚えるのに多くの時間を余計に費やしてしまうことになる。そのため、弾むラケット・ラバーを使って「用具で飛ばす」ようなプレーをさせるのは、技術が成熟した選手、なおかつ感覚がすぐれた選手に限る、というのが私の考えだ。

弾み過ぎる用具にはデメリットが多い

話は少し変わるが、現代卓球のトップを走る中国ナショナルチームの選手たちは、ほぼ全員がフォア面に中国製の粘着ラバー、バック面にはテンション系の弾むラバーという組み合わせでプレーしている。近年では、韓国の選手も同様の用具を使って結果を出すようになってきた。日本でも女子の一部トップ選手はそういった用具にシフトしている。

こういった用具を使用する最大のメリットは、サービス・レシーブでの優位性だ。サービス時には強烈な回転がかかる粘着ラバーの特性を活用して相手にプレッシャーをかける。レシーブでは、相手サービスの回転が多少わからなくても、弾まないフォア面の粘着ラバーでストップすれば、短く低く返球できる。こういった出足のプレーで優位に立てるから、試合に勝ちやすいのだ。これは非常に合理的な仕組みである。

ところが、日本では若い選手のほとんどが、弾むラケットと弾むラバーの組み合わせでプレーしている。確かに、そういった用具を使えばラリーや攻撃面では良いプレーができるだろう。しかし、サービス・レシーブが正確にできなければ、試合に勝つことは難しい。練習では、弾む用具でもきれいにストップできるかもしれないが、緊張する本番の試合では、なかなかそうはいかない。

ブロックなどのディフェンス面でも、弾み過ぎる用具では、よほど天才的な感覚がないと前陣で守れないため、どうしても中後陣に下げられる。そこから挽回《ばんかい》して得点することもたまにはできるかもしれないが、やはり確率は低い。

すべての選手に中国選手のような用具を使わせろと言うのではないが、最新型の弾むラケット・ラバーや流行《はや》りものの用具を、選手が自分のスタイルや感覚に合わないのに使っていないか、もう一度見直す必要はある。特に、サービス・レシーブやディフェンスが崩壊《ほうかい》しているような場合は、用具の弾みを落とすことを考えるべきである。

13 強化のツボ❶ シェークドライブ型

現在全世界で圧倒的多数を占《し》めている、シェークハンドのドライブ型の育成法はどうあるべきか。日本国内でもほとんどの選手が、シェークドライブ型として卓球を始めるのが常道《じょうどう》となっている。それだけに指導者は、このスタイルの選手を育成するに当たって、ありきたりで凡庸《ぼんよう》な選手にならないよう注意する必要がある。

打球点に柔軟性を持たせることが大事

日本では、ドライブを教える際に多いのが、ボールを最後までよく見て引きつけて打たせるという指導である。特にフォアハンドでは、腰を回して、体の横側でボールをとらえるような形で打ちなさいという初期指導がよく行われる。

これは技術を覚える最初のうちはいいのだが、いつまでもその形でしかプレーできない、ということになると、レベルの高い勝負になった時、ピッチの早さで遅れるようになってしまう。そうならないためには、打球点を前に持って行って、早いタイミングでドライブを打つ訓練に、なるべく早期から取り組ませることだ。

フォアハンドであれば、体の斜め前でボールをとらえる。バックハンドも、ひじが曲がった状態でインパクトするのではなく、ひじを前に伸ばした状態の時にインパクトできるような形を追求し、少しでも早い打球点でドライブがかけられるようにしていく(図5参照)。

そして実戦では、早い打球点のドライブを基本としながら、難しいボールが来た時や、相手のタイミングをはずしたい

体の使い方による打球点の前後の違い 図5

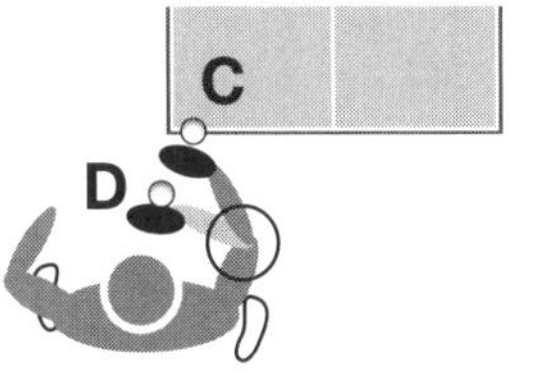

バックハンド
ひじを伸ばした状態で打てば前寄りのCの打球点で打てる。ひじを曲げた状態で打つと、打球点は後ろ寄りのDとなる

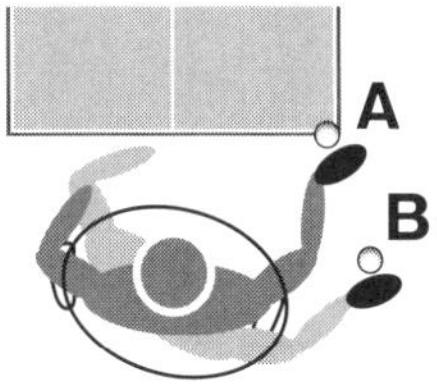

フォアハンド
体を前に向けたまま打てば、前寄りのAの打球点で打てる。腰を回して体を横に向けると打球点は後ろよりのBとなる

時などに、しっかり引きつけた形での、遅い打球点のドライブを混ぜていけるようにする。

前で早く打つこともできるし、後ろに遅らせることもできる。高いポイントで打つこともできるし、低いポイントに落として打つこともできる……そのような打球点の柔軟性、ストライクゾーンの広さがあれば、どんなボールが来てもミスをしにくい選手になる。そこが、シェークドライブ型の育成ポイントの第一だ。

特に、早いタイミングでバウンドの上昇期をとらえて打つドライブは、スマッシュと同じ打球点で打つ形になる。ドライブ型でもスマッシュが打てる選手であれば、相手から見て、ドライブを打たれるのか、スマッシュを打たれるのかをわからなくすることができる。感覚のある選手には、ドライブとスマッシュの二刀流《にとうりゅう》にも取り組ませると、よりユニークなスタイルになるだろう。

グリップは固定化させず、プレースタイルも「自分流」で良い

日本では、画一的《かくいつてき》な指導が多いためか、似たようなタイプのシェークドライブ型が量産されている傾向が強い。他方で、海外、特にヨーロッパの選手などを見ると、構え方、打ち方、動き方などが多種多様で、ラケットは同じシェークでも、かなり個性が強い選手が多い。

違う見方をすれば、日本の選手は基礎がしっかりしていてミスが少なく、ヨーロッパの選手は基

礎が弱いから不安定だとも言え、どちらが良くてどちらが悪い、という問題ではない。しかし、日本の選手は、もう少し「自分流」の個性を持つべきではないかと思う。

選手の個性を出していくのに、一番簡単なやり方は、グリップを変えることだ。日本のシェークの選手は、フォア側でラケットを構えた時に、打球面が内側を向く選手が多いが、これを、外側に向けるようなグリップに握り変えるだけで、ずいぶん違った球質のドライブボールが出せるようになる。

とにかく、手の中でラケットを固定しないことだ。シェークの場合、親指と人差し指の指先に力を入れてしまうと、グリップが固定化されるので良くない。指先に力を入れず、手のひらや指の根元のほうで、緩く挟むようなグリップにすると、手首が柔らかく使えて、様々なラケット角度を出すことができ、プレーが多彩になる。日本人は元々、手先が器用な民族なので、このようなグリップの変化は、得意技にできるはずだ。

指導者としては、打球が不安定な初心者のうちは、ある程度固定したグリップで教えても構わないが、それなりに技術が身についてきた選手には、グリップをゆるめて、積極的に握りを動かしてみるように教えると、技術のバリエーションが増え、良い効果がある。特に、形はきれいだが、伸び悩んでいる――というタイプの選手にさせてみると、今までとは違う新しい世界が開けてくる可能性もあるので、おすすめだ。

また、フォアハンドとバックハンドのどちらを多く使うスタイルにするかという点にも、戦型の個性が強く表れてくる。これは、選手の「好み」を優先して考えていくと良い。

たとえば、バックハンドが得意で好きだが、フォアハンドは好きじゃないという選手がいれば、得意のバック系技術を徹底的に伸ばし、バックハンドでフォアハンドの弱点をカバーしてしまう、というようなスタイルを作る。もちろん、その逆のケースもアリだ。

選手が自主的に、好きなことを楽しくやっていくほうが上達は早いし、個性的なスタイルになっていく。くれぐれも自らの固定観念を選手に押しつけることがないように、指導者は気をつけるべきだ。

バリエーション豊かなドライブを習得させる

そして、シェークドライブ型の選手が、高いレベルで通用するようになるために絶対に必要なのが、ドライブ技術のバリエーションだ。いくら威力のあるドライブを打てると言っても、単調なボールばかりでは、得点につながらない。指導者はドライブの種類が不足している選手には、どんどん新しい技術を教えていく必要がある。

まず、左右に曲がるドライブ。これは、空中の弾道で、どちらに曲がるかが相手にわかるようでは、レベルが低い。なるべく、打ってから相手コートにボールが着地するまでは同じような軌道を描くボールが、バウンド後に、右にキックして曲がったり、左にキックして曲がったり、まっすぐ伸びて進んだり……という、急激で予想外な変化が作れることを目標に練習させていく。

また、コントロールの自在さを高めることも重要だ。前陣、中陣、フォアサイド、バックサイド、高い打球点、低い打球点、対ドライブ、対下回転……など、あらゆる状況のもと、両ハンドで、狙ったところへドライブを入れることができるようにしていく。それに加えて、弾道を高くしたり、低くしたり、バウンド後のボールを沈ませたり、ホップするよう

自由自在なドライブを打つための多球練習

図6

Aは、同じ位置から同じ地点にドライブをコントロールしながら、まっすぐ行くボールや左右に曲がるボールを打ち分ける練習

Bは、同じ立ち位置から様々な場所へ様々な変化をつけてドライブを打ち分ける練習。
いずれも前陣、中陣、フォアハンド、バックハンド……など、ありとあらゆるシチュエーションで練習していくと良い

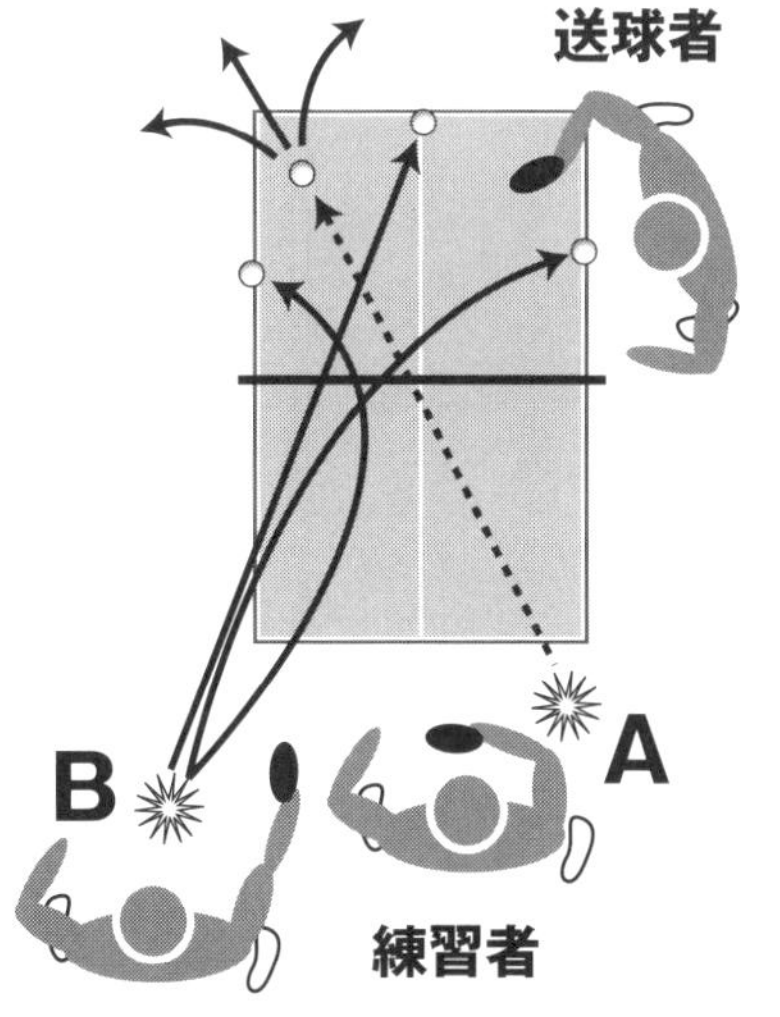

にしたり、回転量の多いボールにしたり、少ないボールにしたり……という様々な要素を、どんどん追求していくと良い。逆モーションなど、トリッキーなフォームを付け加えるのも良いだろう。

指導方法としては、まずは多球練習で、指導者から選手へ「そこからここへ、こういうドライブを打ちなさい」などの要求をし、1球ずつ打たせていく(93ページ図6参照)。最初からできる選手もいれば、なかなかできない選手もいるだろうが、大事なのは、させてみることだ。その中で、「この選手にこんなセンスがあったのか」と、気づくこともあるだろう。

威力で打ち抜くだけでなく、コースで逆を突いたり、相手のブロックやカットをミスさせたり、カウンターを打たせなかったり……という戦術を使うには、多彩なドライブ技術が必要になる。そういったテクニックを身につけさせるには、決まりきったまじめな練習ではなく、型にはめない、遊びに近いような練習の中で感覚を磨くほうがいいのだ。

日本を代表するシェークドライブ型と言えば、水谷隼。比類なき安定感と打法の幅の広さが特長だ

14 強化のツボ❷ ペンドライブ型

昨今、ペンドライブ型は希少な戦型になりつつある。中国式ラケットで両面を使うタイプの選手は、まだある程度いるものの、片面の日本式ペンとなると、若年層にはほとんど見当たらない。しかし、数が少ないからこそ、逆に育ててみる価値があるというものだ。現代卓球でも勝てるペンドライブ型の育成法を考えてみよう。

シェークにないメリットはたくさんある。現代卓球で勝てるペンドライブ型を追究する

まず、現代卓球で戦えるペンドライブ型の「完成形」（理想形）からイメージしてみよう。ラケットは従来のオーソドックスなペン……つまり、日本式単板の角型、片面のスタイルで考えていく。

第一に必要なのは、強靭なフットワーク能力である。これは、04年のアテネ五輪男子シングルスで優勝した柳承敏《ユ・スンミン》（韓国）をイメージするとわかりやすい。次に、一発のドライブ強打の破壊力。この選手にフルスイングさせたら誰も返せない、と思うほどの威力がなければいけない。

さらには、裏ソフトのドライブ型でありながら、スマッシュが打てること。これは、79年世界チャンピオン・小野誠治のイメージだ。また、変化サービスが得意であること。とりわけ、ペンのバックハンドサービスは変化をわかりづらくできるため、それで相手レシーブを崩して、3球目に台上スマッシュ、という流れを作れると良い。

レシーブでは、台上テクニックで相手を圧倒すること。特に、攻撃的な台上レシーブで先手を取って、その後の連続攻撃につなげる、というプレーは、シェークハンドよりもペンのほうがやりやすい。

そして、バックハンド系の技術では、ショートによるブロックを完璧にできることが求められる。ただ返すだけでなく、コースを自由自在に変えられたり、ドライブボールを強烈に跳《は》ね返したり、回転の変化を入れたりと、名人芸のレベルに高めておくこと。加えて、中陣に下がった時には、大きなスイングによるバックハンド強打で攻めていく。

そのようなプレーがすべてできれば、片面のペンドライブ型が世界で活躍することは、現代でも不可能ではない。角型の遠心力と単板の厚みが生み出すフォアハンド強打の威力、独特の球質を生むバックハンド技術、手首の可動域の広さを生かした変化サービスや台上の操作性……等々、シェークにはない、ペンドライブ型ならではのメリットは、たくさんある。くれぐれも、時代遅れでダメな戦型だとは思わずに、適性があると思った選手には、思い切ってやらせてみると良いだろう。

弱点のバック系技術をむしろ武器にしていく

片面のペンは、シェークのように連続でバックハンドを振れないため、バックが弱点と言われる。しかし、やり方によっては、ペンのバックハンド技術は、「勝つための武器」にできるのだ。

私は、かつて佐藤素子という、左利きの片面ペンドライブ型の女子選手を指導したことがある。その中で、最も重点的に教えたのが、「ローリング式」のバックショートだった。

通常、ペンのバックショートでは、親指を板面から離して立てる形にするのだが、ローリング式ショートでは、親指でしっかり板面を押さえ、そこを中心にラケット全体を回転させる。その動作の勢いを利用して打球すると、通常のバックショートより、数段上の威力を出すことができるのだ(左ページ写真参照)。

また、ラケット面の回転途中で打球することで、ボールに複雑な回転を入れることができ、バウンド後の軌道《きどう》を変化させられるのも、メリットになる。フォアハンド打球時に重要な役割をする親指を板面から離さないので、フォアの強打で相手ボールを待ちながら、バックに来た時には、すかさずローリングショート、というプレーができるのも利点だ。

佐藤は、このローリング式バックショートをマスターしたことにより、平成17年度の全日本選手権で自己最高成績のベスト8にまで勝ち上がった。相手がバックショートを嫌《いや》がってフォア側にコースを変えたら、そこをすかさずフォアハンド強打。また、バック側も全部ショートするのではなく、時には回り込んで、ドカンとフォアで一発を打ち込む。そのようなプレーは、シェーク全盛の現代卓球でこそ、相手の脅威《きょうい》となりうるはずだ。

ローリングショートの動作イメージ

❶

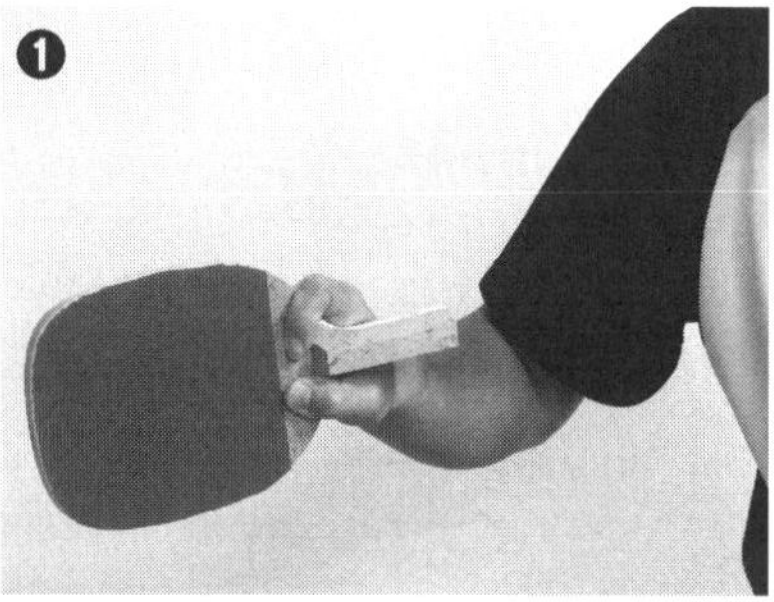

フォアハンドの構えから

▼

❷

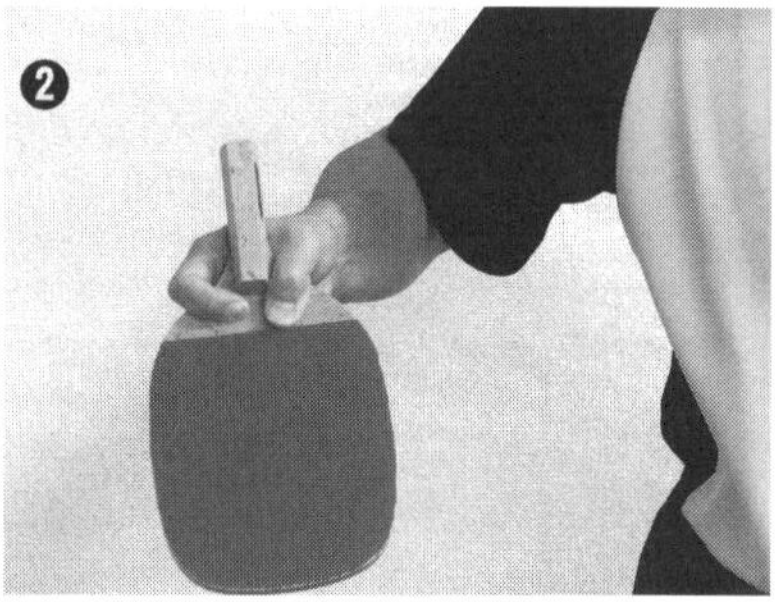

親指を中心にラケットをローリングさせる

▼

❸

ひじを締めつつ、前腕を前にひねり出すようにしながら打球

それに加えて、バックハンドロングによる中陣からのアタックも、マスターさせると良い。片面ペンでは、ロングが振れずに、ショートだけになる選手も多いが、それではもったいない。

ロングが振れるようになる練習は簡単だ。まず、選手を台に対し背中を向けて立たせ、指導者から投げてもらったボールを、背中越しに台の方向、つまり真後ろに打つ訓練をさせる（図7参照）。ポイントは、振り終わったラケットの先端が背中につくくらいまで振らせること。そこから、上体の形と腕のスイングは変えずに、足のスタンスを徐々に横向き（右利きの場合、右回り）にしていき、最終的には、前を向いた状態で打つことがで

ひじ締め式バックハンドロング 習得練習 **図7**

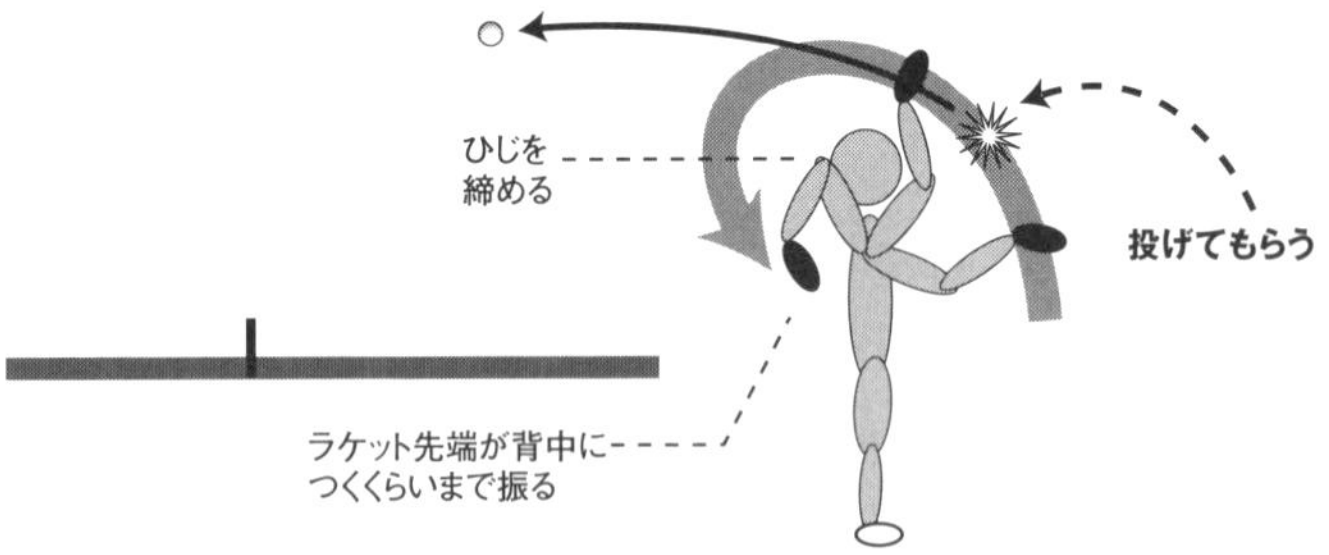

まずは台に対し、真後ろを向いた状態から始め、腕の使い方を覚えたら、段階的にスタンスを横向き→前向きにしていく

きるようにしていく。すると、自然な形で肩が入り、ひじが締まる良い形のスイングができ上がるのだ。

練習はバック重視で。フォアは多球で強化

練習のさせ方としては、バック系の強化を全体の7割ほど行うと良い。一球練習で、相手から徹底してバック側へ打たれるドライブを、ひたすらブロックで返しまくる練習をやり込む。

ペンドライブ型と聞くと、対戦相手からすれば、フォアハンドでバンバン打ってくる形をイメージするため、「こっちが弱いだろう」と思ってバック側にボールを集めてくる傾向がある。そこで、実際にバック系技術が下手だと、まんまとやられてしまう。

だからこそ、徹底的な練習で、いくら攻められても全く崩れない、というレベルにバック系技術を高めることだ。すると、相手はそのうちフォア側にボールを回してくる。そこを〝待ってました〟とばかりにフォアの強打で打ち込んでいくのだ。

どうしてもペンドライブ型の練習は、攻めることばかりに偏《かたよ》りがちだが、実戦ではすべてのプレーで先手《せんて》を取れるわけではない。守りから入って攻め返すパターンをしっかり訓練しておくことは、非常に重要なのだ。

一方、フォアハンドに関しては「移動攻撃」を多球練習でたくさん行うと良い。回り込み、飛びつき、中陣から前陣への踏み込み、台上への飛び込み……といったダイナミックな動きを必ず入れ、その運動の強い勢いを使って、凄《すさ》まじい威力の一発を打てるように訓練していくのだ。オールフォアで打ちにいこうとすれば、相手から動かされるのが宿命だが、むしろ動いたほうが強いボールを打てる、というスタイルを作っておけば、相手に恐怖心を植えつけることができる。

最終的には、バックではノーミスのラリーができて、フォアでは一撃でラリーを終わらせることができる。そういったスタイルを目指して鍛え込めば、いかに時代が変わろうが、世界で通用するペンドライブ型を作ることは、決して夢ではない。

現在、世界で活躍するペンドライブ型の黄鎮廷（香港）。バックの裏面打法とフォアのドライブが武器だ

15 強化のツボ❸ シェーク表ソフト

シェークハンドで表ソフトラバーを使用するタイプの選手を育成する方法を考えていく。プラスチックボールの導入で、チャンスが到来したとも言われる表ソフト。フォア面や両面に表ソフトを貼るタイプは数は少ないが、おもしろいスタイルである。育て方によっては、主流である両面裏ソフトを打ち負かす選手になる可能性を秘めている。

シェーク表ソフトの利点と弱点を知る

プラスチックボールの導入により、全体的な打球のスピードと回転が減少したことは、表ソフトを使う選手にとって追い風と言える。実際、〝ボールが打ちやすくなった〟と語る選手も少なくない。

シェークで表ソフトを使う攻撃型の利点は、台との距離を近くして戦うことで、打球タイミングが早くなりやすいこと。その中でボールの回転がナックル気味になるので、相手には体感スピードが速いのと、ボールの回転を処理しにくいことで、非常に「やりにくい」という印象を与えることができる。

また、単純なスピード攻撃だけでなく、ナックルと併用することで効果を発揮するドライブ攻撃や、ボールの勢いを殺して前に止めるテクニック、サイドスピン系のブロックなど、裏ソフトを上回る球質のバリエーションを作ることができる。かつて、中国代表で活躍したサウスポーの王涛《ワン・タオ》は、バック面の表ソフトから多彩な変化球を繰り出し、「七色のバックハンド」などと呼ばれたが、それこそ、表ソフトの真骨頂《しんこっちょう》と言える。ただ、用具や打法が進化した現代卓球では、表ソフトには苦しい場面もある。それは、相手から裏ソフトで一定以上の回転やスピードのあるドライブを打たれると、表ソフトは接触面積が小さいことからボールをコントロールする前に弾《はじ》かれてしまい、安定した返球が困難になる、という部分だ。そのため、表ソフトを使う選手には、とにかく相手にそういった強いドライブを打たせないよう、早いタイミングで先手を取って攻めまくるということを徹底させなければいけない。旧来のシェーク表ソフトは、変化をつけたブロックで一度守ってから攻めに転じるというプレーもできたが、これからはとにかく〝先手必勝〟だ。

サービス・レシーブ・台上から徹底して先制攻撃を仕掛け、ラリーになっても休みなく攻め続ける。そのような訓練をふだんの練習から繰り返し、「オールアタック、ノーディフェンス」と言えるくらいのスタイルを作っていくことが重要である。

バック表ソフトは切り替えと前後強化を

次に、練習、訓練の中での注意点を指摘していこう。まず、バック面に表ソフトを使うタイプの選手は、フォア・バックの切り替えの際に打球点が後ろに遅れないことを注意させる必要がある。

バックハンドは体の前で打球するため自然にしていても打球点が後ろになることはないが、問題はフォアハンドだ。日本の場合は「ボールをよく見て、引きつけて打ちなさい」と教える指導者が多いので、フォアハンドの打球点が体の横になっている選手がたくさんいる。これが特にバック表の速攻型にとっては、大きな欠点になってしまう。

フォア側に揺さぶられた時に打球点が後ろに遅れ、バック側に戻された時に前陣をキープできず、後ろに下がる……そのような悪い形にならないよう、切り替え練習の中でフォアハンドを前で打つことを徹底的に意識させる必要がある（左ページ 図8A参照）。遅れやすい選手に対しては、「むしろバックハンドよりも前でフォアハンドを打ちなさい」と指示しても良い。

また、表ソフトのバックハンドに関しては基本的には前陣で打球するのだが、相手から強烈な威力のドライブを打たれた場合にはあえて中陣に下がって打ち返すテクニックも必要になる。そこで、おすすめの練習が、バックハンドでの前後フットワークだ。

前陣ではライジングをとらえたピッチ打法、中陣からは強いドライブに対するカウンター。この両方を状況に応じて使い分けられるように訓練していく（図８Ｂ参照）。とりわけ、相手ボールのスピンとスピードが強烈な男子では、このシステムを強化しておくことが現代卓球を勝ち抜くためには絶対に必要だ。

近年、男子でこのスタイルが激減している原因はここにある。平常は、前陣でのピッチの早い両ハンド速攻を主としながら、いざという時には中陣に下がってもプレーできる、という二段構えを作っておくこと。それができれば、男子でもバック表ソフトで戦える選手は十分に作れる。

バック表ソフトの強化練習

図８

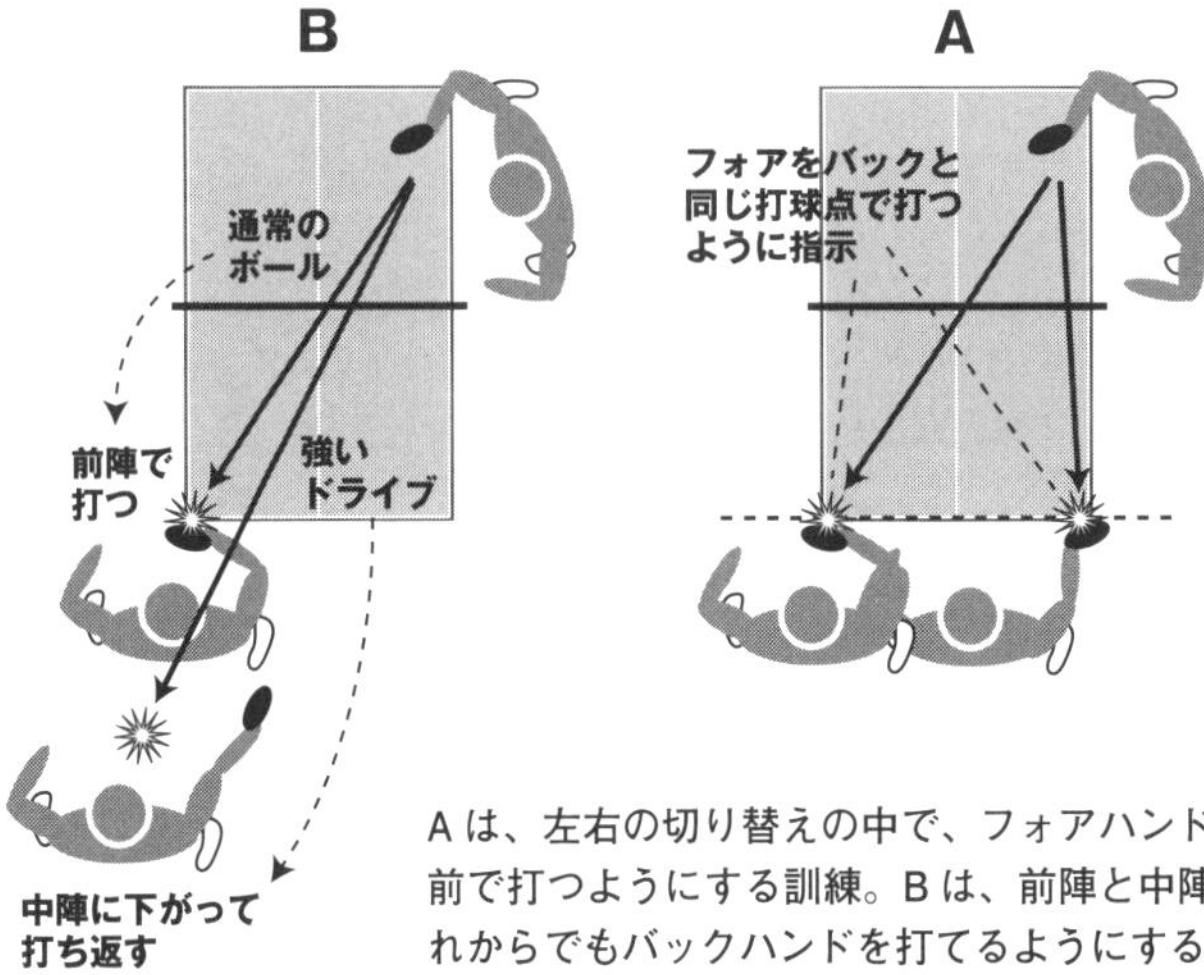

Ａは、左右の切り替えの中で、フォアハンドを極力前で打つようにする訓練。Ｂは、前陣と中陣、いずれからでもバックハンドを打てるようにする訓練

フォア表ソフトはノーモーションを意識

フォア面に表ソフトを使う選手の場合、最も重点的に鍛えなければいけないのは、いかにしてフォアハンドの打球コースを相手に読ませないようにするかという部分だ。表ソフトでの打球は、飛び出しは早いが、ネットを越えて相手コートにバウンドしてから減速しやすい。だから、コースを読まれているとカウンターの餌食《えじき》になりやすいのである。

相手にコースを読ませない方法の中で一番効果的なのが、バックスイングを取らないこと。ボクシングで言うところの「ノーモーション打法」だ。大きく振りかぶると相手からコースを察知されるので、バックスイングは頭の中だけで、引いた「つもり」にしておいて、インパクトから先のスイングだけでボールを打っていく。

これは、選手ひとりではなかなか身につけられないので、指導者がそばについて、「まだ引きすぎだ。もっと小さく」などと指示を出してやり、バックスイングを限りなくゼロにしていく作業をする。さらに、打球タイミングを早くするために、ボールのバウンドの頂点を決して見るな、という指示を出す。頂点を見ようとすると、どうしてもタイミングが遅れるので、すべてのボールを頂点前で打つ――極端に言えば、フォアハンドは全部、「台の中で打つ」という意識を持たせると良い（左ページ図9参照）。

この打法をマスターすると、打球点が高くなり、タイミングが早くなるというメリットが生まれ、相手のプレーから時間を奪うことができる。その中に、体の使い方や目線による逆モーションなどもつけ加えて、ピッチの早いラリーの中で、相手のバランスを崩していく。そして、チャンスボールが来たらバックスイングを大きくとって、一撃必殺のスマッシュを打ち込んでいくのだ。

現代卓球の主流であるドライブ戦の対極を行く、徹底した前陣時短卓球。それができれば、フォア表でチャンピオンを目指すことも可能になってくるだろう。

フォア表ソフトの「ノーモーション」打法　**図9**

バックスイングをとった「つもり」で、実際はとらないこと、バウンドの頂点を見ずに、できるだけ「台の中」で打つこと、いろいろなコースに様々なモーションで打ち分けることを意識

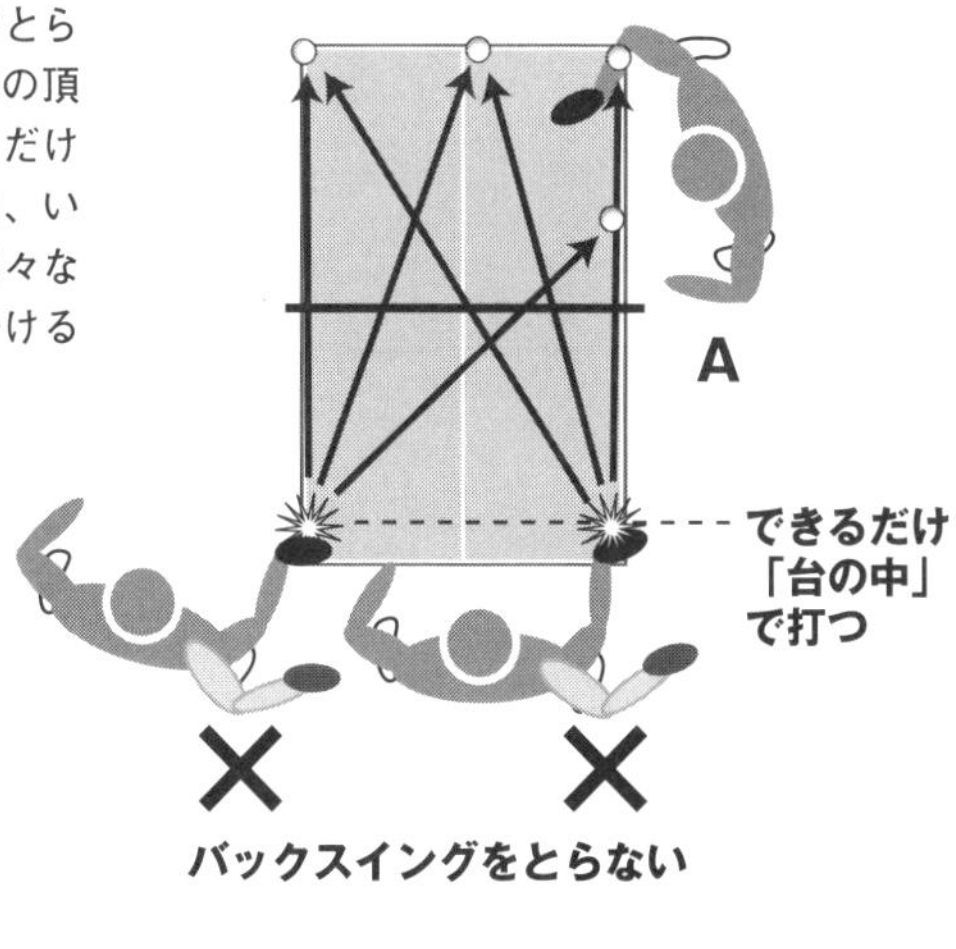
A
できるだけ
「台の中」
で打つ
バックスイングをとらない

16 強化のツボ❹ ペン表ソフト

ペンホルダーで表ソフトラバーを使用する「ペン表（通称・ペンおもて）」の育成法について紹介する。現在では非常に少ないタイプだが、かつては、松崎キミ代（日本／59・63年）、河野満（日本／77年）、劉国梁《リウ・グオリャン》（中国／99年）など、数々の世界チャンピオンを生み出していた。希少だからこそ、対策が取られにくく、勝ちやすい戦型とも言えるペン表。育成にチャレンジする指導者のポイントを考える。

台上先手攻撃とフットワーク。現代卓球でも勝てるペン表の条件

私が思い描くペンホルダー表ソフト速攻型の理想は、河野満と田﨑俊雄（00年世界選手権団体銅メダル）をミックスしたスタイルである。台上・前陣での逆モーションやカウンター攻撃を得意とした河野と、中陣からの両ハンド強打を武器にした田﨑。この両者の卓球のストロングポイントを融合させられれば、現代卓球でも頂点を目指す選手を作ることは可能だ。

前陣での逆モーションを駆使した超絶テクニックで世界王者になった河野満（左）と、中陣からの強烈な両ハンドカウンターで世界を震撼（しんかん）させた田﨑俊雄（右）

技術的には、まず第一に、台上アタックができることと、ストップ技術が非常にすぐれていることが重要だ。そして、アタックが来るのか、ストップが来るのかを相手に読ませないようなモーションを作っておく。常に、アタックとストップのモーションが逆になっているような、台上技術のシステムを確立させておく必要がある。

ペン表の速攻型は、裏ソフトのドライブ型とラリー戦で正面からまともにぶつかりあって勝つことは難しい。であれば、台上ネットプレーの練習に多くの時間を割き、その完成度を高めて、相手のドライブ攻撃の芽を摘むことに重点を置くべきなのだ。〝あまいボールが1球でも入ったらやられる〟というくらいの殺気立った意識で、切れ味鋭いプレーができないといけない。

次に、一瞬のフットワークの速さ。いつ回り込んでスマッシュを打ったかわからないと思えるくらいのすばやさで、前陣を駆け回ってフォアハンドで攻める。そこを柱として鍛え込んでいくことが肝心だ。特に、レシーブにおいては、どこにどういったサービスが来ても全面をオールフォアでカバーする形を身につけておかなければいけない。

また、プレー領域が基本的に前陣であるため、相手から強いボールを打たれるとそれを至近距離で受ける形になり、どうしても押されてしまう。そこで1球目を単純にブロックしてしまうと、2球目、3球目もブロックの形になって、防戦一方に追い込まれ、守備型のような戦い方を強いられる。

そうならないためには、とにかくサービス・3球目、レシーブ、台上のそれぞれから、徹底的に先手攻撃を仕掛けることだ。そして、相手に先手を奪われた時には、その1球目を必ずカウンター攻撃で狙いにいく。そのような意識を常に高い緊張感で保ち続けられる選手でなければ、このスタイルは成り立たない。

また、戦術で相手を上回る意識を常に持っておくことも重要だ。対戦相手のサービス、レシーブ、得点パターン、コース取りのクセなどを事前に予習・研究して、本番の試合に備える。経験の少ない選手には、指導者が二人三脚で、そのような作業を加勢してあげると良いだろう。

攻撃だけでなく、守備とつなぎにもこだわりを

先手を取っての前陣速攻がペン表の基本ではあるが、時には、相手に先手を取られて攻め込まれ

ることや、難しいボールをつないでいかなければいけない場面が必ず出てくる。そのため、ペン表の選手には、攻撃の練習ばかりさせるのではなく、守備とつなぎの訓練も、一定の割合でメニューに組み込んでおく必要があるのだ。

まず、ブロック練習である。表ソフトでのブロックは、ただ入れるだけでは相手から連続攻撃を食らうので、しっかりボールの勢いを殺し、低く返球することが重要になる。そして、どこにどんなボールを打たれても止められるように、瞬間的なバック・フォアの切り替えを磨いていかなければいけない。

練習方法としては、前陣で卓球台の中央付近に立ち、相手側からランダムで

ランダム送球の前陣ブロック切り替え練習

図10

送球者のラケット面をよく見て、ドライブのコースを瞬間的に判別し、反射的にブロック。特にミドルをうまくさばけるように訓練する

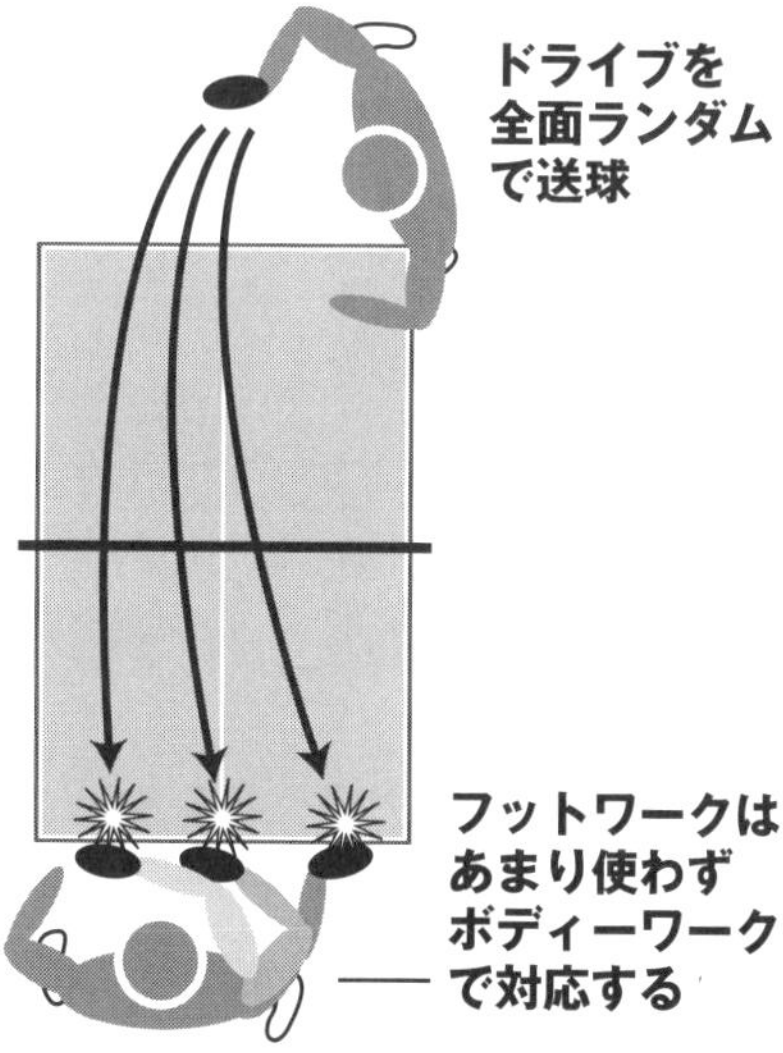
ドライブを全面ランダムで送球
フットワークはあまり使わずボディーワークで対応する

全面に打たれるドライブボールを、両ハンドの切り替えでブロックするという形で、反射神経と手先の感覚を養う（113ページ 図10参照）。ポイントはボディーワークをうまく使うこと。特に、体の近くのミドルに打たれたボールのさばき方を上達させておくことが重要だ。極力、足の位置は移動させず、上体の柔軟性とラケットワークで返球していくテクニックを身につけさせる。最終的には「私にはミドル（の弱点）はありません」と言えるくらいのレベルになると良い。

また、角度打ちによる軽打やつなぎのドライブ、ツッツキなどは、単調に入れるだけになると相手からカウンターをされてしまうので、つなぎの技術にはひと工夫を入れなければいけない。

ペンホルダーには、5本の指をフルに駆使することで、いろいろなラケット角度を瞬時に作ることができるという利点がある。それを活用し、インパクトの瞬間に、最後の最後でほんの少し手首のスナップや指の動きを入れると、相手の手元で微妙に変化するボールとなり、相手のカウンターを躊躇《ちゅうちょ》させたり、ミスを誘発したりできるのだ。ペン表の選手には、ただ入れるだけのつなぎを絶対にさせず、何かひとクセあるボールを入れるよう、口を酸っぱくして指導するべきである。

弱気にならないでミートを強くしていく

表ソフトを使う選手には、呪文《じゅもん》のように覚えておくと役に立つ原則がある。それは、「ミートの強さは回転を殺す」という考え方だ。

たとえば、相手から強い回転のかかったドライブを打たれた時。自信のない選手は、それを何とかコートに入れなければと思ってミートを弱くしてしまう。すると、多くの場合、ボールは入らないし、入ったとしても棒球《ぼうだま》になるので、連続で攻められて、ジ・エンドである。

ここで、先の原則を知っている選手は、思い切りミートを強くして、そのドライブボールを弾き返す。すると、角度さえ合えば、目の覚めるようなカウンターが相手コートに突き刺さる。これこそが、回転を殺すミートの強さ、なのである。

表ソフトの選手の試合経過を見ていると、前半戦はバンバン打てていたのが、後半の大事な局面に差し掛かったところで、次第にしおれるように、打てなくなっていくことが多い。なぜ、そうなるのかと言えば、最後まで必ず打ち切る、という精神面の強さが足りないからである。

最後まで打ち切れる選手を育てるには、とにかく打って打って打ちまくるような練習、試合を繰り返させることである。たとえ、それが失敗や敗戦につながったとしても、とにかく打たせる。ペン表の選手には、キャリアの中で、絶対にそのような時期が必要だ。そこを経て強くなれば、ハイレベルな戦いの中でも、最後の1本を最高のスマッシュで終わらせるような選手になるだろう。

17 強化のツボ❺ 変化ラバー活用型

粒高やアンチなど、通常と異なる球質を生み出すラバーを活用し、独特の変化卓球で勝利を目指すタイプについて、育成法を考えていこう。ラバーに頼り切るのではなく、ラバーの特性を生かしつつ独創的なプレーを展開する選手を育てる。とおり一遍のプレースタイルではないからこそ、指導者の創造性が問われる部分であり、腕の見せどころなのだ。

研究熱心さをほめて選手に自信を与える

指導者が選手に変化ラバーを使わせる理由としては、「この子にオーソドックスな卓球をさせても運動能力や体格・筋力の問題で難しい。だから、少しでも勝たせるために変化ラバーを使うべきだ」といったものが多数を占めている。実際、対応力の低い低年齢層の大会では、変化ラバーを使用するだけで、相手がたくさんミスをしてくれるため、勝ちやすいのは間違いない。

ただ、まわりの競技レベルが上がると、ラバーの変化だけで勝つことは困難になってくる。そうなると、指導者は、途中から裏ソフトや表ソフトによるオーソドックスなプレーを教え、それを変化ラバー面でのプレーとミックスして、どんな選手に対しても戦えるようなスタイルを作ろうとするのだが、これがなかなか難しい。

そもそもが、オーソドックス（正攻法）で戦う能力が低いと思われた選手に、後発的にオーソドックスなプレーを仕込んでも、ずっとオーソドックスにやってきた選手とまともに打ち合って勝つ、というレベルに達する可能性は低いのだ。また、変化ラバーと裏ソフトや表ソフトの打球感覚は全くの別物なので、長い間、変化ラバーで感覚を磨いてきた選手が、オーソドックスなラバーでのプレーを安定してできるようになるまでには、それ相応《そうおう》の時間がかかるのだ。

つまり、変化ラバーを使用しつつ弱点のないスタイルを作り上げるのは、至難《しなん》の業《わざ》なのである。そういった難しいことにチャレンジするためには、選手本人が前向きに取り組めるような、指導者の後押しが必要だ。

変化ラバーを使う選手に対して、「お前は能力が低いから、これを使え。そうすれば、少しは勝てるだろう」と言うのと、「君は研究熱心だから、型にはまらず、このラバーを使って独創的な卓球をしてみなさい。それが君に合ったやり方だよ」と言ってあげるのでは、後者のほうが間違いなく選手に自信を与えることになる。

選手自身に、このラバーを使っているのはネガティブな理由ではなく、自分に合っていて勝てるからなんだ、と思わせること。そこを出発点にすることが重要である。

変化プレーと速攻で、相手に安心感を与えない

変化ラバーではスピードをそれほど出せないので、一番には、やはりプレースメント（ボールの落下点）で勝負する意識を植えつけることが重要だ。コース取りの巧《たく》みさ、浅いボール・深いボールの使い分け、緩急の落差……それに、変化ラバー特有の回転の変化を加えれば、相手の長所を全く発揮させず、完封勝利することも可能だ。とりわけ、初対戦での一発勝負には、めっぽう強いスタイルだと言える。

練習でも試合でも、〝同じ球質のボールを1球も入れない〟というくらいに、徹底してボールを変化させることだ。一般的に、変化ラバーの逆面には、裏ソフトや表ソフトなどのオーソドックスなラバーを貼る選手が多いが、どちらかをフォア面、どちらかをバック面、というように固定しておくのはもったいない。サービスでもレシーブでもラリー中でも、どんどん積極的に反転プレーを使い、相手をかく乱させていくと良い。変化ラバーで止められる、と思っていたら、裏ソフトでドライブされた。表ソフトでスマッシュされる、と思っていたら、変化ラバーでカットされた……対戦相手に、そのような意外性を感じさせることが、勝てるスタイルづくりのカギとなる。

かつて筆者も指導した武田明子（01年世界選手権女子複3位）。王子サービスからの速攻、バック面の粒高で相手を振り回してからのフォア面スマッシュを武器に活躍した

また、変化ラバー使いの選手は、真正面からぶつかり合うようなラリー戦に持ち込まれると不利になる。だから、必殺のサービスを身につけさせておき、サービスからの得点率を極限まで高めておくことが、より高いレベルの戦いを勝ち抜くために重要なのだ。

このようなスタイルの育成という点では、武田明子（01年世界選手権女子複3位）、福岡春菜（08年北京五輪日本代表）などを育てた、王子卓球センターの作馬六郎氏が第一人者である。王子サービスという強力な「鎧」を身につけさせることで、レシーブやラリーでは失敗を恐れず、ハイリスクなプレーを仕掛けることができる、という仕組みを確立した。

いずれにせよ、1球たりとも対戦相手に安心してプレーさせないというのがこのスタイルの神髄《しんずい》である。指導者は選手に対して、多少確率が悪くなっても、「入るボールよりも、嫌がられるボール」を要求する心構えで臨むべきである。

選手の自由な発想を後押しすること

私は、松島由佳（コンパスクラブ神戸・当時）という、反転式ペンホルダーで粒高と裏ソフトを使う選手を時折指導していた。この選手は通常、フォア面が粒高で、裏面が裏ソフトなのだが、特徴的なのは、フォアハンドを裏面の裏ソフトで、反転による持ち替えをせずに打球するテクニックを多用することだ。

フォアハンドを表面の粒高と、裏面の裏ソフトで両面打ち、バックハンドも表面の粒高ショートと、裏面の裏ソフトで両面打ち、というユニークな「四面打法」で戦う。持ち替えをしない分、フォア・バックの切り替えを早く行うことができ、さらに、粒高で打つのか裏ソフトで打つのか、相手に打球直前まで悟られないようにすることができるというメリットがある。

そのように、工夫次第で、変化ラバーを使うスタイルは、まだまだ無限の可能性を秘めている。たとえば、ペンホルダーとシェークハンドの握り替えなどもおもしろいアイデアだ。前陣では、ペンで粒高ショートを中心としたプレーを展開しながら、いざチャンスボールが来た時には、シェークに握り替えて、強烈なフォアハンドドライブを放つ。また、中陣に下げられた時には、シェーク

平成27・28年度全日本選手権ジュニアの部で3回戦まで進出の松島由佳。裏面フォアハンドを多用する独特のスタイルは、彼女自身の研究のたまものである

で両ハンドカットのスタイルに切り替えることもできる、という形にしておけば、さらに幅が広がる。

そういった奇想天外なプレーのアイデアを生み出すためには、自分が本番の試合で使用するラケットとは種類の全く違う、サブラケットを持っておくことがおすすめだ。そして、練習の一環として、サブラケットで様々なプレーをやってみて、本来のプレーに取り入れられないか、実験を繰り返す。

シェークの選手がペンで練習してみたり、変化ラバー使いの選手が両面裏ソフトで練習してみたり、前陣型の選手がカット用ラケットで練習してみたり……こういった自由な発想には、今までの卓球界になかったようなプレーを生み出す可能性がある。指導者には、そのような選手の遊び心をワクワクしながら見守り、後押しする姿勢が必要なのだ。

18 強化のツボ❻ カットマン

カット型の選手、いわゆるカットマンを一人前に育てるのは非常に難しい。
勝てるようになるまでには長い時間がかかる。
指導者には、カットマンを志す選手が、
「勝つためにはこうすればいいんだ」と迷いなく練習できるよう、
うまくリードすることが求められる。

カットマンが絶対にマスターすべき技術

①自分の体の前に来たボールに対し、絶対にミスをしない能力

スピードのないループドライブや、台上のストップなどイージーなボールの処理をミスしていては、カットマンは勝てない。後ろから前に出ながら動きにブレーキをかけて、ボールをうまくコントロールするテクニックを身につけさせる。

②相手から強いボールを打たれた時、前陣から後陣へ向かってフットワークをしつつ、体全体の吸収力でボールの威力を弱め、返球する能力

これはテクニック的に難しいが、カットマンには必須の項目である。

③ひざの使い方

カットマンには、相手のボールの回転を殺したり利用したりするテクニックが必要だが、その際、けん玉を皿に乗せる時のようにひざを柔らかく使うとうまくいきやすい。そのような身のこなし方を教えていく。

④フォームの弾力性

カットは上から下に振り下ろすスイングで打球するが、その中で、どのような高さでボールをとらえてもラケット角度を合わせて返球できるというテクニックが必要だ。肩の高さ、腰の高さ、ひざの高さ……など、いろいろな高さで両ハンドでカットできるように練習させておく。

⑤カットの安定性

最近のカットマンを見ていると、カットの安定性に自信がないために攻撃する、というタイプが多いが、それではダメだ。とにかく安定したカットを相手が打ちあぐむまで送り続け、それから攻撃する。それがカットマンの常識だと教えておこう。

⑥前中陣での攻撃的カット

後ろに下がって安全なカットばかりしていては、攻撃に転じるチャンスが少なくなる。なるべく前陣に近いところでカットする訓練をさせ、すぐに攻撃に移れるスタイルにしておく。

⑦鉄壁の守備範囲

どこにどのようなボールを打たれても、粘って拾う。100球打たれたら、101球返す。そういった、ある種の根性をバックボーンとして持っていないと、カットマンは成り立たない。

勝つための戦術――「三段論法」を教える

以上のような能力を高めると同時に、実戦における勝ち方を覚えさせることが重要だ。私が考えるカットマンの必勝法とは、次のような戦い方である。三段構えの戦法になっているところから「三段論法」と名付けて、いろいろな選手を指導したり、ベンチコーチをする際の骨子《こっし》としている。

まず、速攻でポイントを取ること。一般的に、カットマンは粘りが身上だと思われがちだが、第一優先にすべきなのは速攻の意識だ。サービスを持ったら、3球目攻撃による得点を狙う。レシーブの際には、レシーブエースや4球目攻撃でのポイントを狙う。台上にあまいボールが来たら、カットをせずに打っていく。これが一段目の戦い方だ。

長いラリーでの失点はOK、得点は速攻で取る――筆者が、松下浩二（写真右／97年世界選手権ダブルス3位、全日本チャンピオン4度）に繰り返し説いた戦い方である

二段目は、相手の攻撃に対するカットの変化でポイントすること。ブチッと切った一発のカットでネットミスをさせたり、それを意識させておいて、ナックルカットをオーバーミスさせたり。そういった変化による得点を狙う。

最後の三段目は、カット対攻撃の長いラリー戦になった時、相手のストップボールや、あまくつないできたドライブを狙って攻撃すること。ラリーに持ち込めば大丈夫、と相手に思わせないことが重要だ。

この3つを常に頭に入れながら戦えば、ただミスを待つだけの消極的なプレーにはならず、どのようなタイプの選手に対しても勝てるカットマンになっていく。そのうえで、次のような心構えを持つことも指導していくと良い。

一般的にカットマンは、長いラリーになってポイントを失うと、がっかりする傾向にあるが、その必要はない。長いラリーで失点するのはオッケー、作戦どおりと考える。そして、自分が得点する時には、三段論法の一段目、サービス・レシーブからの速攻で、あっという間に取ってしまう。

そのようなプレーができれば、対戦相手に「自分が得点するのにはものすごく手間がかかるのに、失点する時はあっという間だ」という、心理的なプレッシャーや息苦しさを与えることができる。これは、私がかつて松下浩二のコーチをしていた時に、彼に繰り返し説いていた心構えである。

カットマンの用具と練習の考え方

現代卓球のカットマンは、攻撃力を増強する目的で、弾みの良いラケットやラバーを使用する選手が増えているが、私は、それは大きな間違いだと思っている。相手からものすごい強打を食らった時、どうやってその用具でカットを抑えるのか。

そもそもの話として、カットマンのカットは、守備ではなく攻撃である。攻撃選手のドライブやスマッシュに、それと互角の威力を持った、質の高いカットで対抗しなければならない。そのためには、思い切りスイングしても相手の強打を抑えられるような、弾みの弱い用具を使うことだ。攻撃の威力は、自らのスイングのパワーで出していく。弾む用具を使っていて結果が低迷している選手には、用具を再考させるべきだ。

そのうえで、練習ではカットと攻撃をほぼ半分ずつ行わせる。古い考え方の指導者は、カットマンはまずカットを完璧にしてから攻撃を練習すべきと言うが、カットばかりやるスタイルができてしまってから攻撃を始めたのでは、オールラウンドに戦えなくなる。カットの練習を1時間やったら、攻撃の練習を1時間というように、バランス良く練習させることが重要だ。

ただし、通常の攻撃選手が練習する時間の半分ずつをカットと攻撃に振り分けるというのでは、技術的に追いつかない。単純に考えれば、カットマンは攻撃選手の2倍練習する必要があるのだ。時間的に2倍が無理なら、内容の濃さを2倍にしなければいけない。指導者はカットマンには、そのくらいの意識でやらないと勝てるようにならないぞ、と言い聞かせるべきである。

その中で、必ずやっておくべきなのが、どこにどんなボールを打たれても徹底的に粘り切る練習だ。攻撃も変化も通用しない場合、最後の最後には、どこまでも粘って粘って、持久戦で相手を根負けさせて勝つという戦い方が必要になる。苦しくて、我慢と辛抱が必要な練習だが、それがカットマンの真骨頂であり、面白い部分なんだと言い聞かせ、納得させて行えば、非常に強力な武器を身につけさせることができる。

19 強化のツボ❼ フットワーク

強化のツボの最後のテーマはフットワーク。
これまで紹介してきたすべての戦型の選手が強化しなければいけない、
また、強化することでパフォーマンスアップを図ることができる技術である。
今まで動けなかった選手が動けるようになるためのポイントを考えてみよう。

「足」ではなく「脚」の問題。サッカーで訓練させる

まず、フットワークという言葉の定義から考え直してみたい。フット（foot）とは英語で足首から先のことを指す。そのため「フットワーク」と聞くと、足の裏をどうやってどの位置に運ぶか、という観点で動作をとらえる人が多い。日本の卓球では昔から、一歩動・二歩動・三歩動などのフットワークが指導されてきたが、それも足裏の位置を基準にした考え方だ。

しかし、人間の下半身のつくりを総合的に考えれば、足裏だけを単独で移動させることは不可能である。股《こ》関節に始まり、ひざ関節、足首の関節が連動して初めて、足裏の移動＝フットワークは成り立つ。これは、どちらかと言えば足《ソク》（foot）ではなく脚《キャク》（leg）の動きであり、「レッグワーク（leg work）」と言えるだろう。

私が指導しているカットマンで、守備範囲の狭さを克服したいという課題を持つ選手がいるのだが、彼は非常に良い筋肉がついた脚をしている。しかし、フォアサイドに大きく動かされてカットをする際、利き手側の脚のひざをとっさに外側に開くこと（ひざの内側を正面に向ける動き）ができないため、体の後ろ側に奥行きを作ることができず、フォアカットでさばけるボールの範囲が非常に狭くなってしまうという弱点があるのだ。

動きは速いし、ボールに追いつくまではいいのだが、脚の使い方が良くないために質の高いカットができない——これは、フットワークには問題がないのに、レッグワークがうまくいっていないという典型である。

そのような脚の動かし方を上手にさせるのに最も適したトレーニングは、サッカーである。先ほどのカットマンのひざを外側に開く動きは、誰かからパスされたボールを内ももでトラップする（受け止める）動作を行えば訓練できる。ほかにも、インサイド、アウトサイド、インステップ、ヒールなど、サッカーのキックの種類は無数にあるので、リフティングやパス交換を通じてそれらをたくさんマスターしていけば、いろいろな脚の使い方を覚えられるのだ。

男子日本代表のエースとして長く活躍している水谷隼（木下グループ）は、少年時代にはサッカーもしていたと聞くが、彼の広範囲を動くフットワーク力、柔軟な脚の使い方を見れば、とても納得できる話だ。特に、若い年代を教える指導者には、子どもたちに室内の狭いところで卓球ばかりをさせるのではなく、サッカーや野球など他のスポーツにも親しませることが大変重要である。

動き出しを良くするためのアイドリング

卓球というスポーツでは、いついかなる時、どの方向へ動かなければいけないか、事前にはわからない。相手が打ってきたボールのコース・長短・回転・高低に応じてその都度、動く方向や距離を変えなければならない。つまり、瞬間的な動き出しの速さが非常に重要なのだ。

その際の速い動き出しを実現するために大事なのが「アイドリング」という考え方。これは元々、自動車などのエンジンに関する用語で、タイヤが止まっている車においてエンジンが動き続けている状態のことを指す。アイドリング中の車は、ブレーキを離してアクセルを踏むだけですぐに発進することができる。

ところが、タイヤと同時にエンジンも停止している状態の車は当然、ブレーキを離しアクセルを踏んだところでいきなりは動かない。エンジンを始動させてからアクセルを踏むことでようやくスタートできるのだが、それにはかなりの時間がかかってしまうのだ。

これを卓球に置き換えてみよう。待機状態で脚や体を小刻みに動かしている（アイドリングしている）選手であれば、ボールが来た時にすばやくサッと動き出すことが可能である。しかし、黙ってじっとしている選手は、ボールが来てから体のエンジンをかけるような形になるため、動き出しが著《いちじる》しく遅れてしまう。この違いが、動ける選手と動けない選手の決定的な差になるのである。

ハイレベルな選手を見ていると、サービス・レシーブの構えに入る前に、ボクサーのような細かいステップを踏むことがよくあるが、あれは体をアイドリング状態にしているのだ。ボクシングや卓球のように、とっさの反応が要求されるスポーツでは、このアイドリングが絶対に必要である。

だから、フットワークが悪い選手に対して指導を行う場合には、足の運び方を注意したり、足腰を鍛えるトレーニングを強要したりする以前に、アイドリングを教える必要がある。具体的には、ひざを小刻みに上下動させておくといい。

そこがフットワークを改善させるための初歩的なツボなのだ。

フットワークを改善させる練習の一例

ここで選手のフットワークを改善するためにおすすめの練習法を紹介しよう。ワンコースでのラリー中に逆サイドへのステップを故意に入れ、次のボールが来るまでに元の位置に戻るという練習だ(図11参照)。

この練習では、動きの速さと体のバランスが鍛えられることに加え、先に説明したアイドリング状態で待つクセも自然と身につく。攻撃型の選手同士で行う場合は、互いが中陣から打ち合う形で行い、カットマンと攻撃選手の組み合わせで行う場合は、ひとりが前陣でのカット打ち、

図11

逆サイド往復ラリー

自分が打球した後、ボールが戻ってくるまでの間にコートの逆サイドに移動して、元の位置に戻り打球する……という形でラリーをする。両足ともセンターラインを越えるところまで移動するように指示

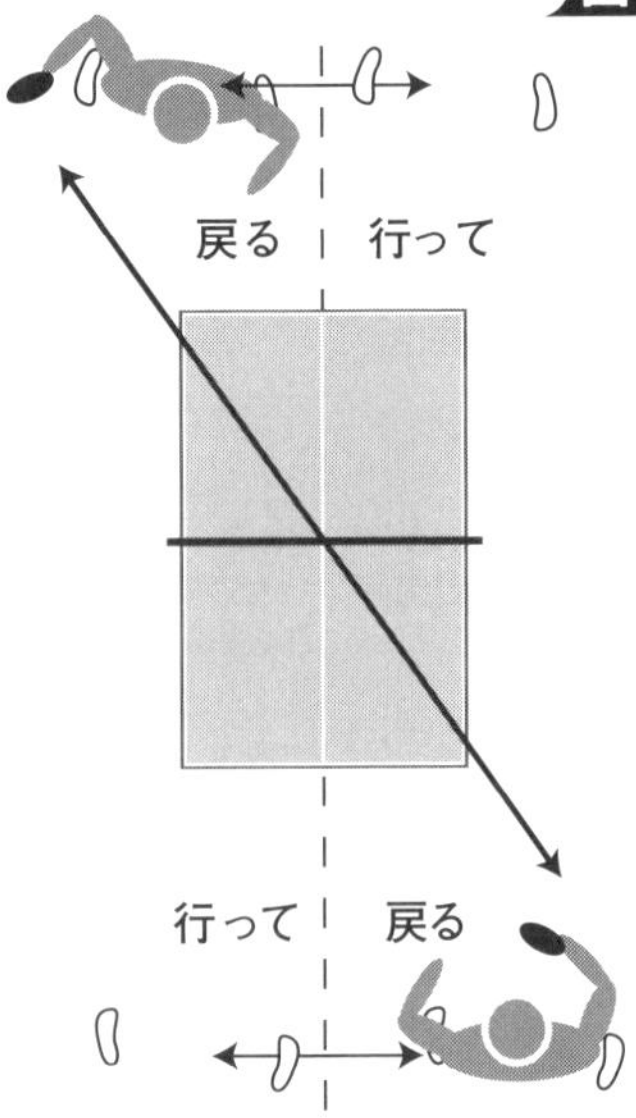

もうひとりが中陣でのカットという形で取り組むと良い。フォアハンドだけでなく、バックハンドでも同様に行う。

注意点としては、「打球動作に入る際には、足の動きを止めるんだ」という意識を選手に持たせることである。常にアイドリングするよう指示を出すと、中には打球体勢に入っているにもかかわらず、なお足の位置を動かしながらボールを打ってしまう選手がいるが、それでは打球が不安定になるうえ、足で地面をつかんで踏ん張る力が利用できないので球威も半減してしまう。打つ時には足を止める、ということを言い聞かせよう。

ちなみにこの練習では、動きが間に合わないケースも多々発生する。実はそこがこの練習の狙いでもあるのだ。卓球のフットワークは打球と連動していなければならないのだが、その際には3つのパターンでボールを打つテクニックが必要になる。

ひとつは、移動を完了させ、両足が地面に着地した状態で打球するパターン。もうひとつは、移動と打球が同時になるパターンで、足が着地するのと同時にボールを打つ形。そして、3つめは移動がボールに間に合わない時に、空中で打球してから着地するパターンだ。

どれが正しいということではなく、3つのパターンすべてをできるように訓練していく。その中で苦手なものがあれば、そのパターンをピックアップして、多球練習などで補強していくといいだろう。

第4章

技を高め、ゲームで強くなる

20 フォアハンドを強くしよう

フォアハンドの決定力というのは単純なボールの威力だけでなく、打球点やモーション、球質の違いなど、様々な要素が絡《から》み合って増強される。いくらパワフルなショットを放っても、相手から容易《ようい》に返球されては意味がない。打てば確実に点数になる――そんな理想的なフォアハンド攻撃を身につけさせるための指導のポイントとは何か。

両足の踏ん張りでスイングスピード向上

フォアハンド攻撃の威力を強化するために最も重要なことは、スイングスピードの速さである。とにかくスイングスピードが速い、という選手のフォアハンド攻撃には、やはり強烈なものがある。

スイングスピードを上げるために大事なのは、スイングの軸、土台となる両足の踏ん張りだ。踏ん張る力が速いスイングをするためのエネルギーとなり、インパクトのパワーにつながっていく。

一生懸命振っているのにボールのスピード、威力が出ないという選手は、打つ瞬間に足が動き、スイングの軸がずれてしまっていることが多い。そうではなく、バックスイングから前方へのスイングを開始してインパクトを迎えるまでは、必ず両足の踏んばりをキープする。それにより、腰の構えがどっしりとし、全身のバランスが良くなり、スイングのエネルギーが無駄なくボールに伝わるようになるのだ。さらに、下半身をしっかりさせることは、上半身をリラックスさせることにもつながる。足元が不安定だと、どうしても上半身に力が入って腕の振りが鈍《にぶ》くなるのだが、両足でガッチリ踏ん張れていると、上半身はいくらでも柔軟に動かせる。それが、速いスピードでラケットを振る基礎になるのだ。下半身がぐらつき、上半身で力まかせに振ろうとしている選手には、下半身の重要性を説かなければいけない。また、筋力に関してはもちろん、ないよりもあったほうがいい。特に、プラスチックボールは回転がかかりづらいため、筋力の差がダイレクトに球威の差となって表れる傾向が顕著《けんちょ》だ。やはりフィジカルトレーニング、とりわけウエイトトレーニングに時間を割くことを、高校年代以上の選手にはすすめていくべきだ。

ウエイトトレーニングにもさまざまあるが、その中でも「ビッグ3」と呼ばれるスクワット、ベンチプレス、デッドリフトの3種目（詳しくは専門書などを参照）を行うのがおすすめだ。特に、ウエイトトレーニング未経験の選手には、ウエイトを行う前とウエイトを行ったあとのそれぞれでボールを打たせて、その違いを実感させると良い。明らかに、ウエイト後のボールはウエイト前のボールに比べ、威力が数段上がっているはずだ。これは、わずか数セットのトレーニングでも違いが出る。そのように効果を実感できれば、選手は自主的にトレーニングに励むようになるだろう。

そうして筋力がアップすれば、より重いラケットをより力強く振ることができるようになる。それがボールの威力をさらに増大させていくのである。

肩甲骨打法で威力もプレーの連続性も改良

フォアハンドの威力増大のためには、打球フォームの改良も必要である。ここでは、私がかねてより提唱《ていしょう》してきた「肩甲骨打法《けんこうこつ》」をあらためて紹介しよう。

肩甲骨打法とは、ひじを先頭にして腕を後ろに引き、肩の後ろにある肩甲骨を背中の中央に引き寄せるようにしてバックスイングを取り、その反動で、腕全体を力強く前方に振っていくスイングワークだ（次ページ 図12参照）。この一連の動作の中で、肩周辺の大胸筋《だいきょうきん》、僧帽筋《そうぼうきん》、広背筋《こうはいきん》などの大きな筋肉が連動して働くため、強大なエネルギーをボールに伝えることができる。

肩甲骨打法のメリットは、打球の威力だけでなく、連続するラリーへの対応のしやすさにある。平行スタンスを保ったまま両足を踏ん張り、腰を大きく回転させることなく打てる肩甲骨打法は、打球の前後で体勢がほとんど崩れないため、激しいラリー戦の中でも強打を連発することができる。

旧来の日本の卓球では、フォアハンドで強いボールを打つ方法として、腰を大きく回してバックスイングを取り、右足から左足への体重移動(右利きの場合)を活用して威力を出す……という指導がなされてきたが、そのやり方では一発は打てても、連打ができない。また、体重移動の際に軸足がずれ、下半身のパワーを上半身に伝え損なうこともあるので、威力の面でもあまり確実性がない。肩甲骨打法のほうが、よほど効率良くコンスタントに威力を出すことができるため、フォームとしてすぐれているのだ。

そして、より完成度の高い肩甲骨打法をマスターさせるためには、肩関節まわりの柔軟性が重要になる。肩関節の可動

肩甲骨打法のメカニズム

図12

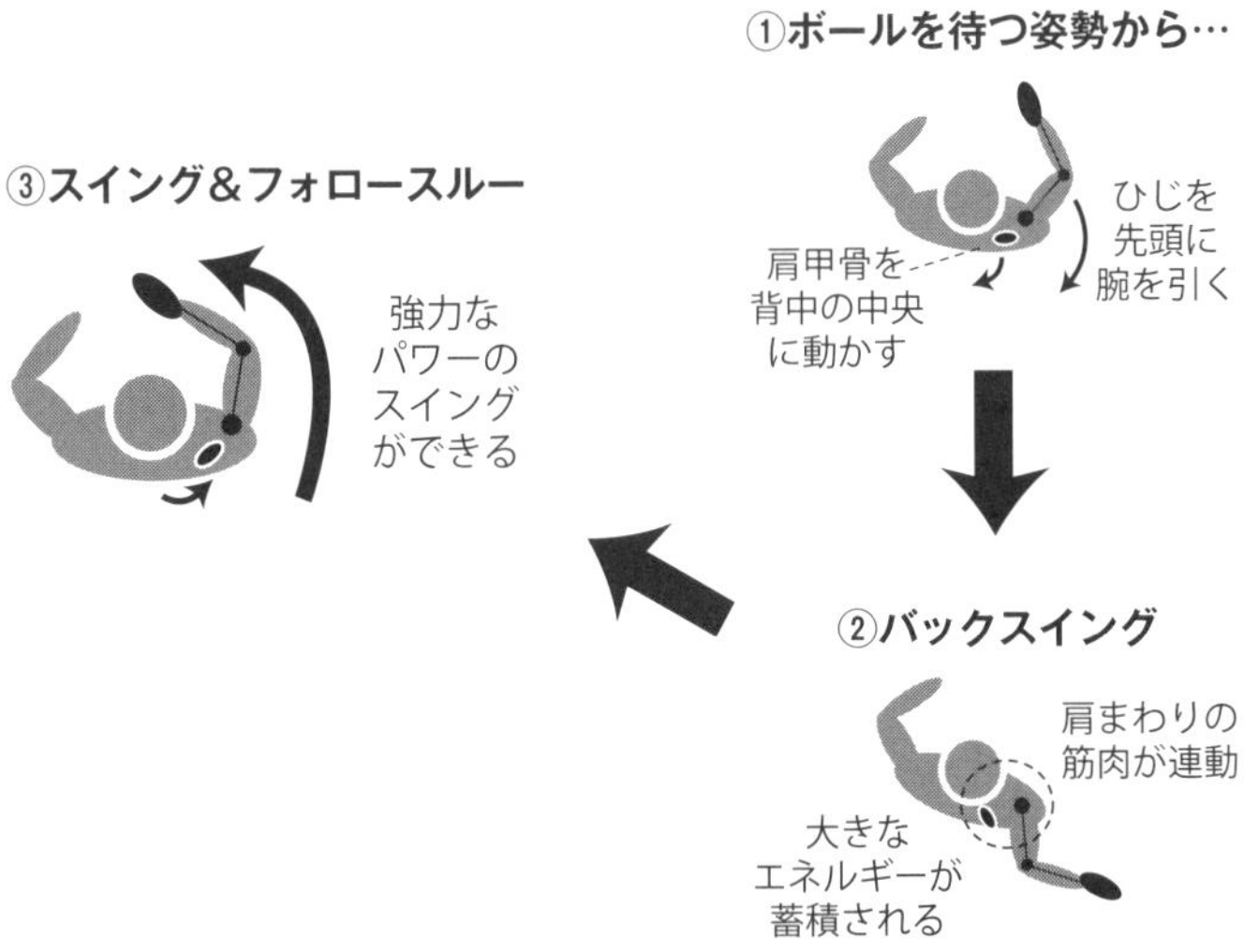

①ボールを待つ姿勢から…
ひじを先頭に腕を引く
肩甲骨を背中の中央に動かす
②バックスイング
肩まわりの筋肉が連動
大きなエネルギーが蓄積される
③スイング&フォロースルー
強力なパワーのスイングができる

域を広げることで、さらなる威力アップが望めるのだ。そのためにおすすめなのが、四つ足で歩くエクササイズである。イメージとしては、チーターや猫になったつもりで行う。それらの動物は歩く際、肩甲骨がグッと上に突き出た形になるが、それを真似させるのだ。

チューブトレーニングや、戻りの意識も重要

卓球の打球は、単純にインパクトが強ければ良いというものではない。インパクトがいくら強くてもそこでラケットが止まってしまうと、ボールに回転を与えられず威力が弱くなる。では、どうすればボールに強い回転を与えられるかと言えば、フォロースルーを速く振り切ることである。そこを鍛えるには、ゴムチューブを使ったトレーニングをさせると良い。選手の斜め前方にゴムチューブをくくりつけ、それをグーッと引っ張るようにしてバックスイングを取らせる（この際、肩甲骨の動きを意識）。そして、パッと力を抜いた瞬間にピュッと腕が前に振れていく……という仕組みを作るのだ（次ページ 図13参照）。この動作を反復することで、力が抜けた状態で腕を速く振り抜く、というコツがつかめてくる。また、打球のためのスイングの速さも鍛えつつ、次のプレーのための戻りの速さも追求していくことが重要だ。むしろ、振るスピードより戻るスピードを速くせよ、というくらいの意識で取り組ませる。

ボクシングのボクサーは、パンチを出した次の瞬間に防御《ぼうぎょ》体勢へ戻ることが半ば本能的に鍛え込

まれている。これには、もちろん守りを固める意図もあるが、パンチ自体の威力を高めることにもつながっている。卓球の場合も、ラケットを振り切った次の瞬間に防御体勢（次のプレーのための構え）ができているように鍛え込むことで、スイングスピード＝ボールの威力と、プレーの連続性の両面を向上させることが可能なのだ。

目標としては、自分の打球が相手コートにバウンドするかしないかのタイミングで、次の打球体勢ができている、というレベルの戻りの速さを身につけさせると良い。選手自身は気づきにくい部分でもあるので、練習中、指導者がそこを厳しく追求することが大事である。

スイングスピードが上がる
ゴムチューブトレーニング

図13

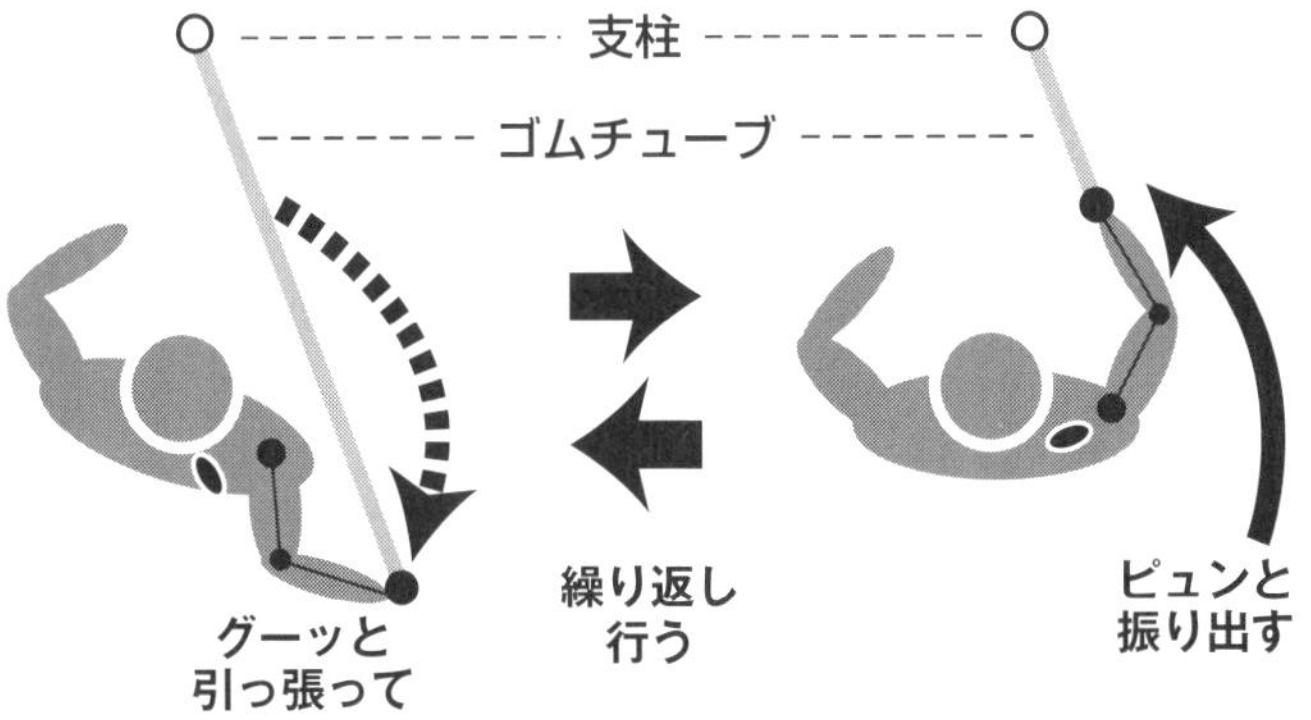
支柱
ゴムチューブ
グーッと
引っ張って
繰り返し
行う
ピュンと
振り出す

パワーだけに頼らせず、テクニックを磨かせる

腕力など筋力のある選手が陥《おちい》りがちな落とし穴が、グリップである。特にシェークハンドの場合、グリップを力まかせに握ってしまってスイングが鈍くなり、インパクトにパワーを乗せられない選手が少なくない。

グリップに力が入っていると、肩にも力が入ってスムーズなスイングができなくなるうえ、戻りも遅くなる。一発の威力が落ちるだけでなく、連続するラリーにどんどんタイミングが遅れていくので、メリットはひとつもない。

それを解消するには、グリップをリラックスさせておくことだ。すると、スイングに遠心力が働き、ヘッドスピードが速くなってボールの威力が増す。特に、親指と人差し指の指先に力を入れないことが重要だ。それだけでずいぶん変わることがあるので、筋力があるのに球威を出せないという選手には、アドバイスしてみると良い。

また、打球点を高くする（打球タイミングを早くする）と、自分が持っている体のパワー以上に威力を出すことができる。目安としては、ボールが自分のコートにバウンドして上昇する途中（ライジング）をとらえて打つように指導する。

その高さ・タイミングで打つと、回転量が豊富な状態で相手ボールがヒットするため、ラバーの

変形・復元のエネルギーが働き、自分のスイングプラスアルファの威力を出すことができるのだ。また、打球点がバウンドの頂点を過ぎて落ちてしまうと、どうしてもボールを下から持ち上げる形になって前方向への推進力が減るが、打球点が高ければ、前方向へのエネルギーをフルに発揮できるので、ボールのスピードをかなり速くすることができる。

さらには、打球コースを読ませないモーションの工夫もあると良い。これには、肩甲骨打法を駆使すると良い。肩甲骨中心にバックスイングをとると、体を前に向けたまままいろいろなコースを狙って打つことが可能になる（図14参照）。相手からすると、どこに打たれるのかが

肩甲骨打法による打球コースのわかりづらさ　**図14**

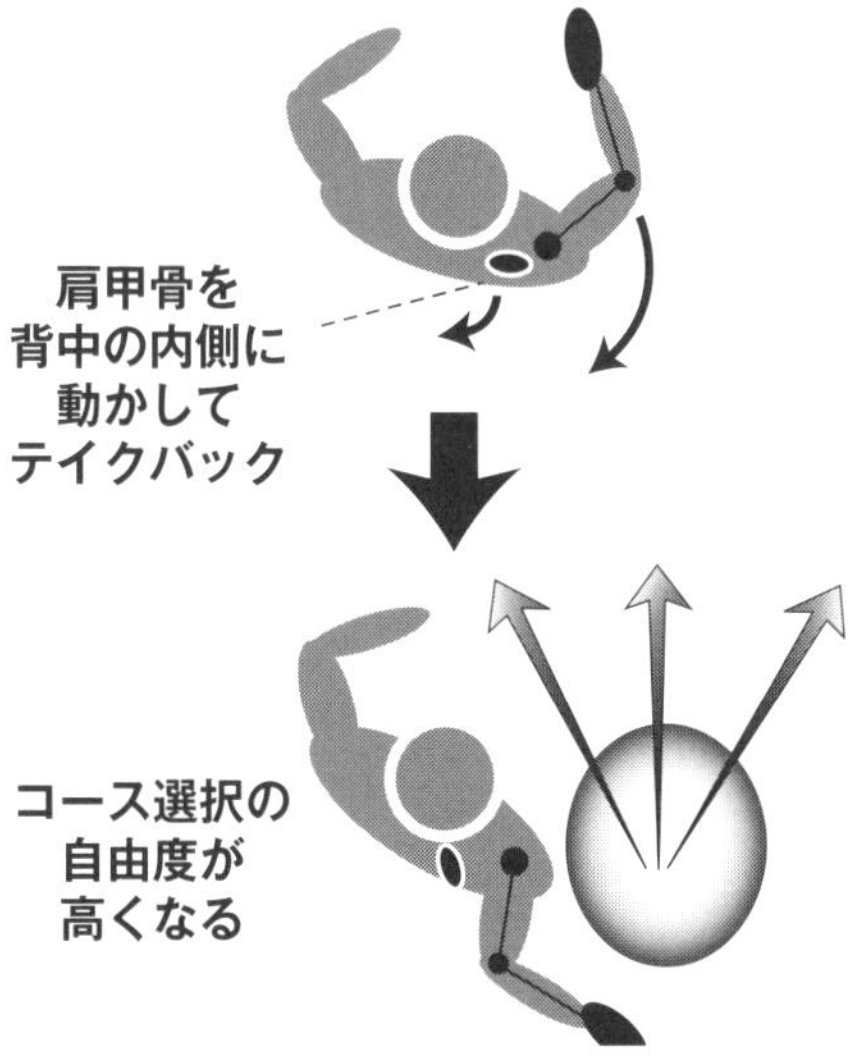
肩甲骨を
背中の内側に
動かして
テイクバック
コース選択の
自由度が
高くなる

ほとんどわからないため、決定率が相当高くなるのだ。

この部分ですぐれているのが、丹羽孝希（16年リオ五輪団体銀メダル）だ。彼は体格や筋力に恵まれた選手ではないが、打球タイミングの早さやコースの読まれにくさにおいては超一流である。

１００％のフルスイングではなく50％程度のパワーでも、早いタイミングでわかりにくいモーションを駆使して良いコースを突けば、十分得点できる。指導者はやみくもに強いボールを打てとばかり言うのではなく、そのようなテクニカルな部分の能力も高めさせるようにしなければいけない。

対下回転は8の字スイングで一発強打

上回転のボールに対しては強打できるが、下回転のボールに対しては下から持ち上げるようなループドライブしかできないという選手は多い。これを解消するのが、私がかねてから提唱している「８の字打法」である。

下回転のボールが来た時にテイクバックを下げてしまうと、スイング方向がどうしても上向きになってボールを前に飛ばせなくなる。それが、ループしかできない選手の仕組みだ。

８の字打法では、テイクバックをやや上向きに膨《ふく》らみを持たせて後方に引き、そこから少しラケットを下降させつつ前方へのスイングを開始して、打球面をボールに強くぶつけるようにインパクトし、そのまま前方へ振り抜いていく（図15参照／この際のスイングの軌道が横から見ると数字の8の字に似ているため、8の字打法と名づけてある）。すると、前方へ強烈に推進していくパワフルなボールが生まれるのだ。

弾道においても、ループドライブは高い放物線を描いて相手コートで高くバウンドするためカウンターで狙われやすいが、8の字打法で打ったボールは低い飛び出しでネットをぎりぎりで越え、相手コートにバウンドしてからも低く滑《すべ》るように飛んでいくためカウンターで打ち返されることはほとんどない。

8の字打法をマスターした選手は、下回転のボールを見た瞬間に「得点チャン

対下回転の一発強打を可能にする「8の字打法」 **図15**

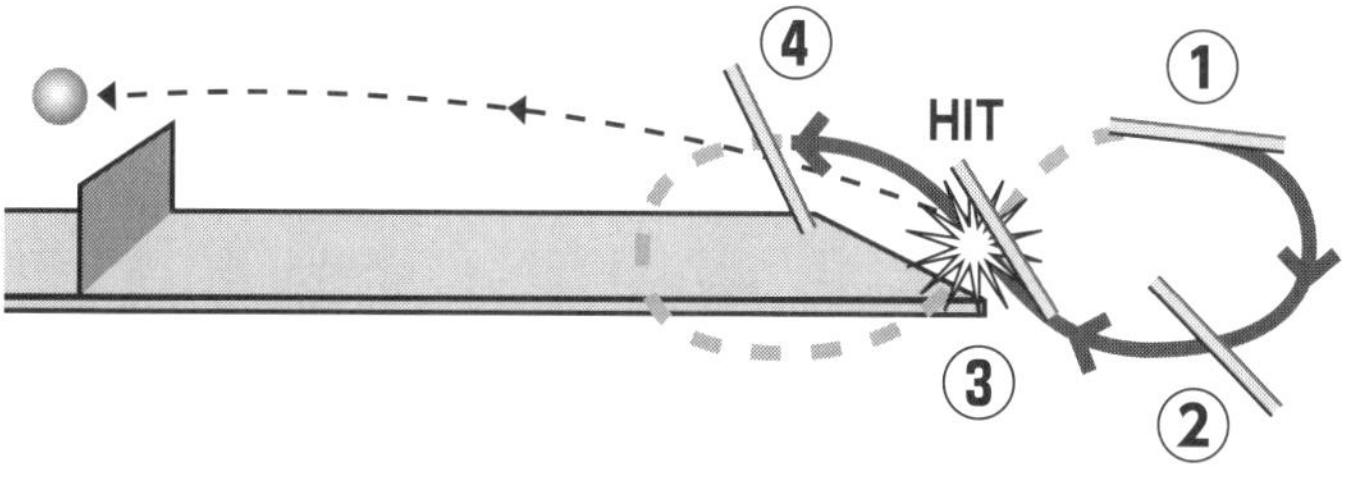

打球面を下に向けた状態でラケットを後方へ引き、少し下降させてから上昇させつつ前方へ振り出す。ボールを強くぶつけるようにインパクトし、そのまま前方に振り抜いていく。テイクバックからフォロースルーまでの、一連の動作の軌道が「8」の字を描く

スだ」と思うことができるようになる。下回転が来たら自動的に「ループで持ち上げなければ」と思ってしまう選手とは、得点力が雲泥《うんでい》の差となる。

身につけさせる方法としては、まず多球練習による反復訓練で8の字スイングを習得させ、そこから3球目攻撃などの実戦形式に組み込んでいくと良い。とにかく弱いつなぎ球にならないよう、強く低く速いボールを打つように要求していくことだ。

フォアハンド攻撃の究極形はスマッシュ

私が考える究極のフォアハンド攻撃とは、スマッシュである。現代卓球はドライブ全盛で、中にはスマッシュの存在意義を根本から否定する人もいるが、しっかり練習したうえで使いどころを間違えなければ、スマッシュは今でも最強の打法と言える。

スマッシュを打つにあたって気をつけなければいけないのが、ボールをとらえる高さだ。フラット（ボールに対して垂直）なラケット角度でボールをたたくスマッシュは、一定以上の高さでボールをとらえないとミスになる。何でもかんでもスマッシュ、というわけにはいかないのだ。

だから、1球1球スマッシュが打てる高さなのかどうかを判断する訓練は必須である。具体的には、多球形式で様々な高さのボールを出し、これはスマッシュできる、これは無理だからドライブ……

という取捨《しゅしゃ》選択をさせる練習を行うと良い。

フォームとしては、ボールをインパクトしたあとのフォロースルーで、腕を選手自身の体に巻きつけるようにさせると、ボールの威力が増大する。低めのボールを打った時には首に巻きつけ（襟《えり》巻打法）、ロビングなどの高いボールを打った時には腰に巻きつける（腰巻打法）ようにしていく。いずれも肩を中心にして、腕全体を力強く振るように指導する。

また、スマッシュの威力のバロメーターとして、ボールの飛距離を測定する方法がある。スマッシュで相手コートにたたきつけたボールがどこまで勢いよく飛んで転がっていくかを測る。その距離をだんだん伸ばしていけるように鍛えていけば、強烈な威力を出せるようになっていく。

さらには、中陣から前陣に踏み込んで打つスマッシュ、バック側からフォア側へ飛びつきながら打つスマッシュ、フォア側からバック側へ回り込んだ勢いを活用して打つスマッシュ……など、フットワークや体重移動のエネルギーをスマッシュのパワーに変換する訓練も行う。

体格や筋力に恵まれていない選手であればあるほど、スマッシュを必殺の武器として身につけさせることが重要になる。時代遅れと思わず、積極的に練習させることをおすすめしたい。

21 バックハンドを強化する

以前は日本選手のバックハンドは非常に弱いと言われていたが、現在ではかなり改善されてきた。しかし、ボールの威力、得点力という意味では、まだまだ不足している部分が多い。相手に脅威を与え、ポイントを量産するためのバックハンド攻撃を身につけさせるには、どういった指導が必要なのか。

居合抜き打法による一発強打を覚えさせる

バックハンドの基本として、第一にラリー能力を身につけさせる指導者は多いが、それでは現代卓球を勝ち抜くためのバックハンドは習得させられない。ペンホルダーのバックショートのように、当てて入れるだけのバックハンドなど、特別に教えなくても誰でもすぐできる。そうではなく、最初から一発で打ち抜くためのバックハンド強打を教えることが重要なのだ。

一発の破壊力を持ったバックハンド攻撃として、まず身につけさせるべきなのが「居合抜《いあいぬ》き打法」だ。これは、侍《さむらい》が腰に差した太刀《たち》を鞘《さや》から引き抜く時の動作に似た動きでスイングしていく。

まず、肩を体の内側に入れて左腰（以降、すべて右利きの場合で説明）のあたりにバックスイングをとり、そこからひじを中心にして前腕を前に振り出していく。ボールをインパクトする直前のタイミングで前腕を外側にひねる動きも加えて、最後はひじ関節が完全に伸びる状態になるまで右前方へ振り切る（図16参照）。この打法を、卓球台からある程度離れた位置に立たせ、まずは1球ずつじっくり打たせてマスターさせるのだ。

居合抜き打法のメカニズム　**図16**

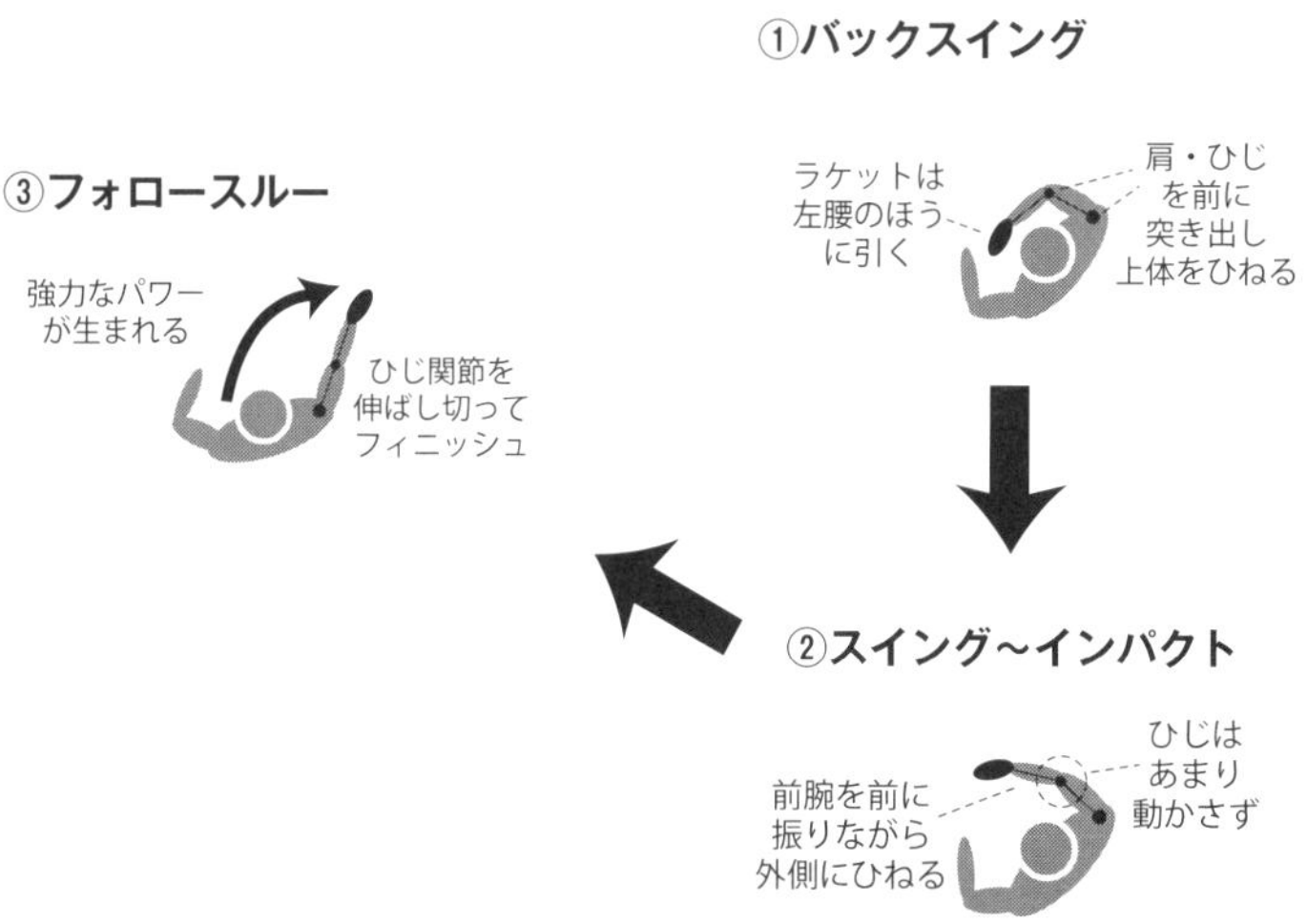
①バックスイング
ラケットは左腰のほうに引く
肩・ひじを前に突き出し上体をひねる
②スイング～インパクト
前腕を前に振りながら外側にひねる
ひじはあまり動かさず
③フォロースルー
強力なパワーが生まれる
ひじ関節を伸ばし切ってフィニッシュ

ポイントとしては、スイングの途中でひじの位置を動かさないこと。ひじが動いてしまうと、前腕の振りの勢いがボールに伝わらず、威力が半減してしまうからだ。また、バックスイング時に上半身をしっかり左方向へひねることが大事である。

さらに、フォームを身につけさせるだけでなく、筋力トレーニングも重要だ。具体的には、選手の左後方にゴムチューブをくくりつけておき、そのゴムの端をつかませ、居合抜きのフォームでゆっくりとスイング動作を繰り返させる。その逆で、右前方にくくりつけたゴムチューブを左腰方向にグーッと引っ張り、ゴムの伸縮の勢いでピュンと前方にスイングする動作も行わせると良い。

ほかにも、フライングディスクをできるだけ遠くまで投げる屋外トレーニングは、居合抜き打法によるバックハンド強打と動作が似通っているため有効である。また、選手が使っているラケットの先端に少量の重りをつけてスイングさせてみるのもおすすめだ。重いラケットを振ると遠心力でスイングスピードが増すので、その速さを体感させることで、より速く振る感覚を身につけることができる。

台上強打やラリー技術も磨き、弱点をなくす

居合抜き打法と並行して、台上のチャンスボールに対するスマッシュ系の強打を覚えさせていく

ことも、得点力アップのために重要だ。私が「リストスマッシュ」と呼んでいる打法を紹介しよう。相手がネット際《ぎわ》に浮かせたボールに対して、まずひじを前に出しながらラケット先端は後ろに引っ込めておき、そこから手首の瞬間的な力でボールをパチンと弾いていく。それがリストスマッシュだ。コツは、インパクト直後にボールを打った反動でラケット先端が手前に戻ってくるようにすること。前方に振り切ってしまうのではなく、すばやい戻しの動作を入れることを意識することで、よりインパクトの瞬間に手首のしなりを利《き》かせることができるのだ。

特に、バック面に表ソフトラバーを貼っている選手にとって、これは必修技術と言える。裏ソフトの選手にとっても、スマッシュ系のボールタッチを習得できるうえ、瞬間的な手首の活用術を覚えることがドライブの威力増強にもつながるので、どんどん練習させるべきだ。

また、一発強打だけでなくラリーの中で得点を狙えるようにすることも重要である。最も活用頻《ひん》度《ど》が高いのが、バックハンド対バックハンドの高速ラリーの中でコースを変えるテクニック。これは、小手先《こてさき》のラケット角度でコースを変えようとするとミスになるので、注意が必要だ。

どうすればミスなくコースを変えられるかというと、ラケットではなく体の向きを変えるのである。ラケットの角度や腕の使い方は全く変えずに、上体の向きを少しだけひねる。そうすると、自分もミスしないいし、相手からもコース変更を気づかれにくい。バックハンドのコースチェンジに失敗しやすい選手には、そこをアドバイスすると良い。

最終的には、手首を活用した台上のリストスマッシュから、ひじの曲げ伸ばしを使った前陣でのラリー打法、肩と体の回転まで活用した居合抜き打法、足の踏み込みまで動員して全身で打ち込む飛び込みスマッシュ……というように、卓球台との距離がどうなっていても、自信を持ってスイングしていけるような打法の柔軟性を身につけさせることを目標にする。前では打てるけれども、下がったら打てないとか、中陣で大きく振るのは得意だが、前陣だと振り遅れる、というような弱点があってはいけないのだ。

台上のチキータ系とカウンターも必要

現代卓球のバックハンドで、近年最も進化を遂《と》げたのが台上でのバックハンドドライブ、通称チキータである。この打法を覚えさせるには、通常フォアハンドで打つ位置のボールをバックハンドでフォアクロスに打つ、という練習をまず行うと良い（左ページ 図17参照）。

チキータ系の技術で最も大事な動作は、ひじを体の外側に張り出すことだ。それによってラケットの可動範囲が広がり、台上であっても十分なバックスイングをとることができるようになる。その動作を覚えるのに、フォアクロスでのバックハンド練習は最適だ。そして、そこから台上での練習に移行すれば、比較的簡単にチキータはマスターできる。

問題は、プラスチックボール導入後の最新の卓球では、チキータの効果がかなり薄れているということだ。以前のように、チキータの回転の変化で得点したり、チャンスメイクしたりということがあまりできなくなっている。それどころか、こちらがチキータのモーションに入った瞬間に相手にカウンターを準備され、十分に待ち構えた状態で痛打《つうだ》されるというケースが増えてきた。準備動作が相手にわかりやすいというのがチキータの弱点であるため、近頃はストップを台上技術のメインに使う選手が主流派となりつつある。

　だから、指導する側としては、「もしチキータをするのであれば、一発で打ち

図17

**フォア側のボールを
バックハンドでクロスへ**

ひじを体の外側に張り出して（★）手首を内側に入れ、きゅうくつな形でフォアクロスに向け、バックハンドを打つ練習。この形が台上チキータをマスターするのに役立つ

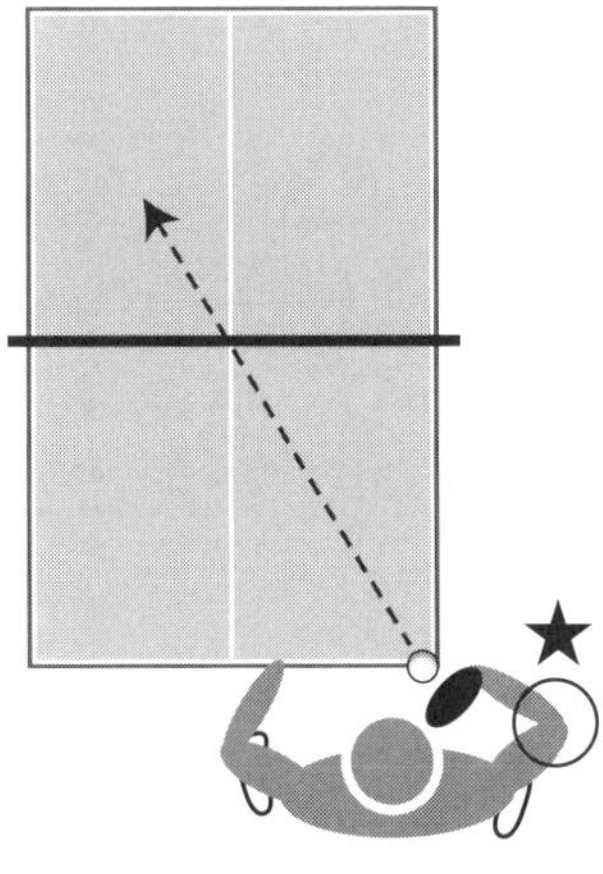

抜きなさい」ということを口酸っぱく教え込む必要がある。チャンスメイクではなく、一撃必殺の技術として訓練していくことが重要なのだ。

また、相手から先にドライブを打たれた場合のカウンターも、バックハンド攻撃のバリエーションとして身につけさせることが必須だ。

カウンターはバックスイングをほとんど取らず、インパクトしてから振り始めるように指導するのがポイント。決して大振りをさせず、ブロックの延長がカウンターである、という意識を持たせることが大切である。

フォアハンドのスマッシュとともに多彩なバックハンド技術を操る伊藤美誠

22 どうすればカウンターが身につくのか

相手から先に攻められた時、守りに入ってしまうのではなく鋭いスイングのカウンターで攻め返す。そういったプレーが当たり前にできるような選手を育てるためには、ふだんから正しく訓練しておくことと、実戦における高い意識づけが必要だ。

「あの指導者に教わった選手は、カウンターがうまい」――

そう言ってもらえるような指導を目指して取り組んでいこう。

互いが連続カウンターを打ち合うラリー練習

カウンターで大事なのは、相手のドライブボールに自らドライブをかけ返して打つ際の打球感覚である。これを養うために、まずは互いの選手が中陣に下がってドライブを打ち合うラリー練習を行う。

続いて、片方の選手が前陣につき、もう片方の選手は中陣に下がった形で、前陣対中陣のドライブラリーをさせる。さらに、互いの選手が前陣について、前陣対前陣でドライブを打ち合うラリーをさせる。

これらの練習では、フォアハンド対フォアハンド、バックハンド対バックハンド、フォアハンド対バックハンド、バックハンド対フォアハンド……という4パターンを、ありとあらゆるコースで打たせる。そうすると、両ハンドのいずれでも、どんな場所からでもカウンターを繰り出す技術が磨かれていく。

ワンコースでのラリーのやり取りに慣れてきたら、両ハンドの切り替えも入れる。フォア2本バック2本などの規則的なパターンから始めて、最終的には互いがランダムなコースで打ち合うように発展させていくと良い。

ドライブのボールタッチやフォームが不安定な段階の選手は、多球練習で基礎作りを行う必要があるが、一定以上の技術力がある選手に関しては、どんどんラリーで練習を行わせるのがカウンター習得のポイントである。

ラリーで練習すると、相手のボールが一定の場所には返ってこないので、ボールのズレに合わせてフットワークやスイングを微調整しなければならない。しかもそれを連続で、速いスピードで行うので、練習をきちんと成立させるためには、体幹がしっかりしていて重心がぶれないようなフィジカルの強さが必要になる。両ハンド切り替えの動作が入れば、なおさら鍛えられた肉体がなければば対応できない。

逆に言えば、この練習がうまくできない選手に対しては、フィジカル能力の不足を指摘し、体幹トレーニングやウエイトトレーニングなどを積ませるきっかけにすると良い。ランダム性のある動きの中で、早いタイミングで強いスイングを繰り返すためには、強い足腰とぶれない体幹が不可欠。それらを手に入れるためには、卓球の練習をしているだけでは不十分で、フィジカルトレーニングが必須であることを選手に言い聞かせるのだ。

技術的注意点を厳しく指摘して追求させる

カウンター練習をさせる中で、指導者には技術的な注意点をしっかり選手に伝えることが求められる。ただメニューをやらせておけばいいというものではなく、実戦で効果を発揮する本物のカウンター能力を身につけさせなければいけないからだ。

注意点の最重要項目は、打球点の早さである。前陣で打つ場合は、バウンド直後のボールの上昇期(ライジング)をとらえるように指導する。中陣に下がって打つ場合でも、体の前でインパクトすることを徹底させる。

特に中陣からのフォアハンドでは、体の横や後ろまでボールを引きつけ、打球点を落として打つ

強い足腰とぶれない体幹をベースに高速で両ハンドを切り替えながらライジングで連続攻撃。カウンター卓球の理想形と言える平野美宇のプレー（写真は19年世界選手権）

選手がいるが、それでは上方向に振り上げる形のループドライブとなり、カウンターとは呼べない代物になってしまう。必ず体よりも前のポイントでボールをとらえ、前方への推進力を出していけるようにスイングさせることが重要だ。

連続カウンターで両ハンドの切り替えを行う際にも、バックハンドは体の前のポイントで打てるのに、フォアハンドの打球点が遅れがちになるというケースが多いので、注意が必要。両ハンドとも体の前で、できる限りライジングをとらえて前へ前へと打っていく意識をつけさせたい。

また、グリップに余計な力が入っていると、インパクトで相手ボールの回転量を感じ取ることができずにミスヒットが多くなるうえ、手首が固まり、うまく回転をかけ返すことができなくなる。フォームや打球点に問題がないのにカウンターの成功率が低い選手を見たら、グリップを強く握りすぎていないか、チェックしてみると良い。

そして、実戦でカウンターを使う際に大事なのが、相手が下から持ち上げるような動作に入った瞬間を察知して、いち早く準備態勢を作る能力だ。そこに気がつかなかったり、準備が遅れがちになったりする選手に対しては、「今のはカウンターでいけるだろう」と、口酢《くちず》っぱく指導していくべきである。

カウンターに入る1本前のプレーとしては、ガツンと切れた速いツッツキを入れ、相手のドライブの打球点を低く落とさせて、そのボールを狙っていく形が有効なので、準備が下手な選手には、まずはそのオーソドックスなパターンを繰り返し練習させてみると良い。

実戦でのカウンターは状態の見極めがカギ

レベルの高い選手には、単純なドライブボールだけでなく、カーブ系、シュート系などのサイドスピンが入ったカウンターを打たせたり、わざと回転をかけないナックル性のカウンターを習得させたり、球質のバリエーションを増やしていくように指示すると得点力が上がっていく。逆モーションでコースを突くカウンターなどにも、積極的にトライするよう仕向けることだ。

そうやって技術力を向上させて、いざ実戦に向かうのだが、気をつけなければいけないのは、カウンターには打っていい時と打ってはいけない時がある、ということだ。

まず、選手自身のコンディションの問題がある。体のキレが良く、相手のプレーにすばやく反応できている時はどんどんカウンターを狙っていって構わないが、疲れがたまっていたり、体調が万全でなかったりする場合には、無理にカウンターを打つとミスが増え、スコアを不利にしてしまうことになる。

また、相手ボールの球質やタイミングに、こちらのカウンターがどうしても合わないということもしばしばある。その場合も、無理なカウンターで失点を重ねるのは愚策《ぐさく》である。バックハンドのカウンターは調子が良いのに、フォアハンドのカウンターは全然ダメ、などというケースもあるので、選手には「入るカウンターを選択して使用する」という判断力が求められる。このあたりは、指導者がベンチワークでコントロールしなければいけない問題でもある。

諸刃《もろは》の剣《つるぎ》とも言えるカウンターは、選手の心身の状態、相手との相性、戦術・戦況などを総合的に考慮したうえで、どの程度使っていくのかを判断、決断することが大事なのだ。

23 台上技術を強くする方法

現代卓球のサービス、レシーブは短い展開からスタートすることが非常に多く、台上技術に弱さがあると、なかなか良い形を作ることができない。いくら威力のある攻撃技術を持っていても、いくらフットワークやラリーの能力が高くても、台上で出遅れたら、選手はそれらの長所を発揮することなく敗れ去ってしまう。そうならないよう、指導者は台上技術は超重要課題と思って取り組むべきである。

先手を取って攻める技術の習得が第一

台上のテクニックには様々なものがあるが、その中でも一番大切なのは、先手を取るアタック系の技術だ。攻めるための突破口《とっぱこう》をいかにして切り開いていくか……選手にはそれを最も強く意識させる必要がある。フォアハンドのフリック（払い）にしても、バックハンドのチキータにしても、それが直接ポイントになるくらいの威力で相手コートに打ち込んだ、と指導していく。

その中でとりわけ重要なのが、ボールが来たところへ移動するスピードである。これが遅くなると、良い台上アタックはできない。よく、バタンと足を踏み込むと同時に打とうとする選手を見かけるが、それではラケット操作にブレが出やすく、うまくいかない。もっと早くボールの場所に入ることが大事だ。また、台上で大きくバックスイングをとりたがる選手もいるが、それもミスの原因になるので、台上ではなるべくボールとラケットの距離を近づけるように指導する必要がある。

理想としては、ボールが台上に来るやいなや足を踏み込み、ボールのそばにラケットをセットした状態で、「このボールはどこに打ってやろうかな」と瞬間的に考えられるくらいの余裕を持ちたい。

そのような入りのすばやさ、正確さを実現するには、このボールは短く来る、という判断をいかに早い段階でできるかがカギとなる。特にレシーブにおいては、相手サービスの第1バウンドがどこに落ちるかを注視することが重要だ。第1バウンドがネットに近いところに落ちれば、そのサービスは間違いなく台上に短く来る。そこを見るクセをつけさせれば、第2バウンドの位置にスッと入ることができるようになっていく。入りの速さと並んで重要なのが、打球タイミングの早さである。ボールがバウンドの頂点に達する前を狙ってアタックしていくのが基本となる。特にチキータはバウンド直後を狙い、ボールの上昇エネルギーを利用しながらスピンをかけて、低く鋭い弾道にすることを要求していこう。近頃では対チキータの研究も進んでおり、打球タイミングの遅れたチキータはカウンターの格好の餌食となってしまうので、これは非常に重要である。

ストップ技術のカギはちょいタッチの習得

台上アタックと並んで重要なのが、ストップ技術である。これも、一番のポイントとなるのは入りのスピードと打球タイミングの早さ。特にストップの場合はバウンド直後をとらえると、自分から切る動作を入れなくても触《さわ》るだけで自動的に下回転が切れるので、相手のミスを誘いやすくなる。まずはそこを徹底的に練習させることが大事だ。

そして、少しでも早くボールに触るためには、ラケットを先端から台上に入れていくのがポイントとなる。横向きでラケットを入れると打球点が遅くなるので、必ず先端から入れるように指導する。フリックやチキータの際も、先端から入ったうえでラケットをひねると、相手にストップが来るのかアタックが来るのかをわかりにくくさせる効果があって良い。

さらに、ストップ技術はボールタッチが強くなると回転の影響を敏感に受けてしまうので、いかに繊細にボールを触ることができるかが重要課題である。そのほんの少し触るだけのボールタッチを私は「ちょいタッチ」と呼んでいるが、それを身につけるのにおもしろい練習法がある。

相手コートの右側と左側に2人のサーバーを立たせ、ほぼ同時に違う場所へ様々な回転のショートサービスを出してもらう。それをレシーバーは、パッパッと連続でストップするのだ。間隔を空けずにどんどんサービスを出させて、それをパッパッパッと触っていく（左ページ 図18参照）。こうすると、ボールを強く長く触っている時間はないので、自然とちょいタッチが身についていくのだ。

相手サービスの回転の変化が全くわからない時なども、ちょいタッチであれば回転の影響を最小限に抑えることができるため、レシーブの成功率を高めることが可能となる。台上のボールタッチが荒いような選手には、ぜひおすすめしたい。

アタックを優先しつつ状況に応じて切り替え

実戦での台上技術は、「とにかく全部打つんだ、アタックで行くんだ」というつもりで入っていくように意識づけをしておくことが大事だ。特にレシーブでは

高速連続ストップ練習　**図18**

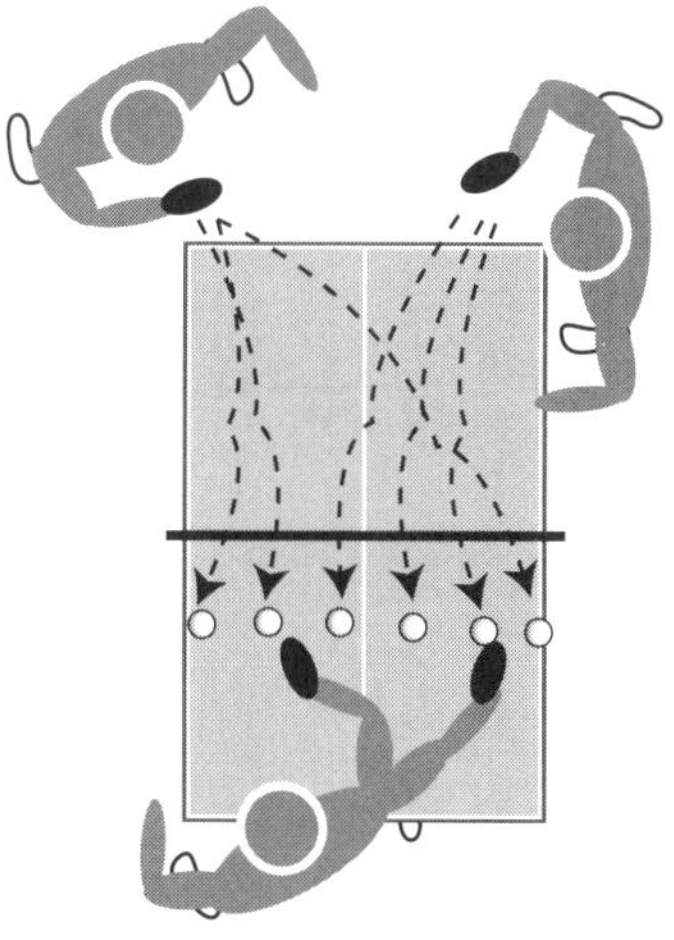

相手側から２人が同時に次々と出してくるショートサービスを、パッパッパッという感じのラケット操作で連続ストップ。ボールを少し触るだけの「ちょいタッチ」を磨く

どのような回転のサービスが来るか事前にはわからないうえ、短いだけでなく、長いサービスが来る可能性もある。そうした中で、最初からストップやツッツキをするつもりで準備していると、長いサービスが来た時にアタックし損《そこ》なってしまう可能性が高い。

だから、アタックを優先順位の第一番目に置いておくほうが賢明と言えるのだ。選手には、全部アタックする前提でボールに向かっていき、これは明らかに無理だと思うような、低くて短くてよく切れたボールに対してだけ、瞬時に切り替えてストップやツッツキを使いなさい、と指示しておく。その際、練習でちょいタッチを磨いておいた選手ならば、とっさにストップしたボールでもピタッと低く台上に収めることが可能になるはずだ。

また、台上のボールに入るタイミングが遅れ、不覚にも打球点が落ちてしまった場合には、強くアタックすることは難しく、ストップしても長くなったり高く浮いたりしてしまいやすいので、「変化をつける」という視点が必要になる。具体的には、強く回転をかけてリターンすることだ。

とりわけ、サイドスピンであればいくら強くかけてもミスになりにくい。ボールのスピードは求めず、横回転の多いチキータをしたり、流しツッツキを使ったり、ストップにサイドスピンを入れたりして、相手の打球タイミングやラケット操作を狂わせる効果を狙う。あるいは、思い切り下回転をかけてカットし、相手に下から持ち上げるようなドライブをさせて、次球をカウンターで狙い打つという作戦もある。

まずはアタックを狙い、回転や低さの問題で無理ならストップに切り替え、出遅れたなら変化をつける(図19参照)。そのような段階を意識させておけば、どのような状況でも得点につながるような台上技術を発揮できる選手になるだろう。

打球点の違いによる、台上技術の切り替え **図 19**

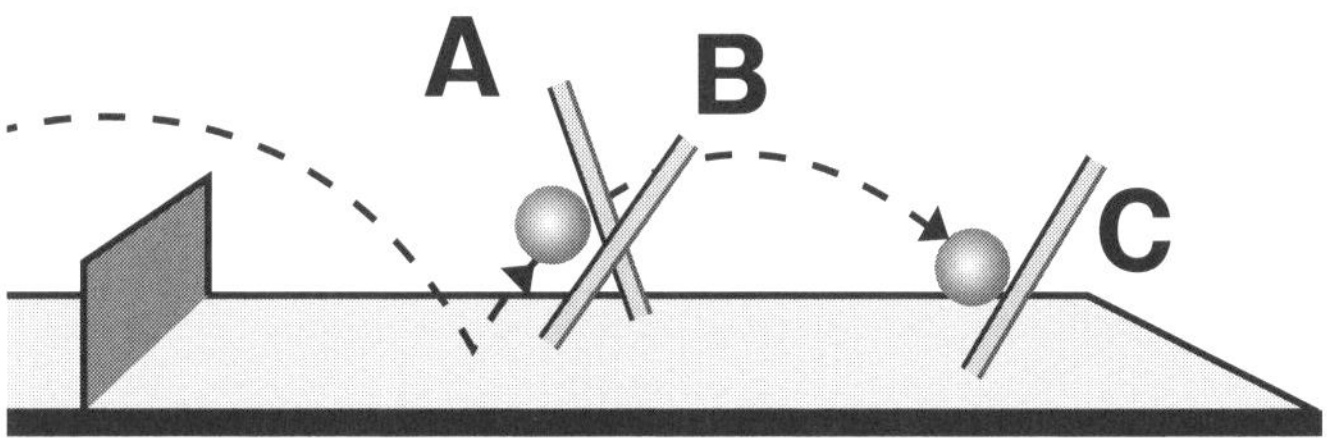

A：バウンドの上昇エネルギーを利用してチキータやフリックでアタック

B：回転や低さが厳しい場合はちょいタッチでストップ

C：出遅れた場合は回転の変化をつけて返球

24 勝つための守り方を高める

近年の卓球は先手必勝《せんて》の攻撃的なスタイルが主流であり、指導者の中でも、〝とにかく攻めろ〟という教え方が広まっている。もちろん間違いではないのだが、一方で、守備面の指導がおろそかになっている気がしてならない。守る力を身につけさせることは、勝てる選手を育成するための必須条件であり、指導者にとって大事な力の入れどころなのだ。

感覚練習とシャドーで守備範囲を広くさせる

一般的な卓球の練習では、カットマンでもない限り攻撃の訓練が圧倒的に多く、守備の訓練と言えば、相手の攻撃練習のパートナー役を務める時くらいしかやらないケースが多い。守りで1ポイントを取る練習など、やらない選手やチームが大多数だ。

しかし、全日本選手権で最多優勝記録を持つ水谷隼（木下グループ）の強さを支えているのは、その抜群の守備力である。古くは、67年世界チャンピオンの長谷川信彦も、驚異的なロビングでの粘りを信条とした。また、05年の世界選手権で3位となったデンマークのメイスが、その大会でロビングを多用して2人の中国選手を破ったのは有名な話だ。つまり、世界のトップにおいてもいつの時代でも、守備力は非常に重要なのである。

そういった守りの技術力を高めるには、守備範囲が広がるような練習をさせなければいけない。まずは前陣でのブロックから始めて、中陣、後陣でのフィッシュやロビングなど、それぞれの距離からボールを入れる力加減の感覚を両ハンドで身につけさせる。そして、単調な返球ではポイントにつながらないので、ボールの弾道に高低差をつけたり、ドライブ回転やサイドスピン、カットを入れるなど、リターンに変化をつける訓練も初期段階からどんどんやらせると良い。

ボールを使った練習で感覚を磨くとともに、必ずさせるべきなのが守備範囲を広げる訓練だ。これは、卓球台のエンドライン中央から後方に5メートル四方、10メートル四方にそれぞれラインを引いたり目印を置いたりしておき、その範囲を全力ダッシュで端《はし》から端まで動いてロビングの素振りをするという、シャドープレーをさせるのが最も効果的だ。体育館にスペースが足りない場合は、グラウンドにラインを引いて屋外で行っても良い。指導者が「前、後ろ、右、左」などと声をかけ、体力レベルに合わせて1分〜3分間ノンストップで行う。

卓球のコートの広さは、公式大会の競技規則でも全体が7メートル×14メートルだから、実際にはエンドライン後方の10メートル四方を動き回ることはほぼあり得ない。しかし、その範囲を動けるようにしておけば、それより狭い範囲の動きは余裕でこなせるようになる。ちなみにカットマンだった私は現役時代、師匠から20メートル四方の範囲を動き回るカットのシャドープレーを課され、そのおかげで守備範囲がグンと広がったという経験を持っている。

戦型の枠にとらわれず自由な守り方を教える

守る力、しのぐ力というものは、戦型にとらわれていてはいけない。速攻型であってもドライブ型であってもカットマンであっても、一番大事なのは、どこへどんなボールを打たれても最後には追いついて、飛びついてでも返球するんだという「あきらめない力」である。

その中で、私がすすめたいのは、攻撃選手であってもカットで守るテクニックである。特に、フォア側へ大きく飛びついた後、相手からバック側へ早いタイミングで返球されると、ドライブでは打ち返せないケースがあるが、ここでバックハンドのカットを使うのだ。

これはテニス選手がバック側を厳しく攻められた際、スライスショットでしのぐのと同様の技術だ。うまい具合に低く鋭いカットで返球できれば、相手は強く打って出られないので、ラリーの形勢を互角に戻すことができる。弱々しくロビングを上げてしまうよりは、よほど得点できる可能性

世界でもトップの守備力を誇る水谷隼。届きそうにないようなボールにも食らいつき、そこから形勢を逆転するプレーは観客を魅了し、対戦相手にもプレッシャーを与える

の高い選択と言える。

こういったプレーは、たまたま実際の試合で追い込まれたから仕方なくやるというのではなく、練習段階から積極的に鍛えて質を高めさせておく。1試合に1本出るか出ないかのプレーではあるが、ある程度レベルの高い選手には、そういった「いざという時のワンプレー」を練習させるべきだ。それが、「あのプレーのおかげで勝てた」という1ポイントにつながることがある。

逆に、カットマンにはロビングで粘る練習をさせておくのも効果的だ。私自身の経験として、カット打ちが抜群にうまい選手との対戦で負ける寸前まで追い込まれた際、仕方なくロビングを上げたら相手が打ちミスをしたため、そこからカットをほとんど使わずロビングばかり上げて相手にミスを量産させ、逆転勝ちしたという試合がある。

そのように、本来の戦い方とは違う形での防御術を発揮できると、それが命拾いにつながることがあるのだ。指導者としては、選手に当たり前の練習を繰り返させるだけではなく、時として戦型の枠を超えたプレーに取り組ませることも大事になる。特に、守備・防御には形はないと思って、いろいろな可能性を探っていくべきなのだ。

攻撃側と守備側に真剣勝負をさせよう

守備練習は、必死に取り組まないと意味がないものだ。ただ相手に同じコースに打たせたボールを楽な形で、遊び半分でロビングしたりブロックしたりするのでは、技術力も精神力も向上しない。そういった意味では、指導者が厳しく監督することが大事だ。

たとえば、攻撃側がランダムなコースに打ち込んでくるボールに対して、守備側はブロックやロビングで反応し、できるだけ同じ場所へ返球する練習。これを、攻撃側がノータッチで抜いたら守備側が腕立て伏せ10回、守備側が10本連続でしのいだら攻撃側が腕立て伏せ10回……という形のルールでさせてみる。互いに、気を抜いたら罰則が待っているので、必死に取り組むはずだ。

また、片方の選手は守備だけで戦い、もう片方の選手は攻撃主体で戦うという形で真剣勝負の試合をさせてみるのも面白い。かつて、スウェーデンのダブルエースだったワルドナーとパーソン（91

年世界選手権優勝）は、自国に強いカットマンがいなかったこともあり、1ゲーム目はパーソンがカットマンを務め、2ゲーム目はワルドナーがカットマンを務める……という形での真剣勝負を、世界選手権直前の練習で行っていたことがある。

そのような形式での練習をやっていけば、技術の幅を広げられるのはもちろん、真剣に取り組むことで、不利な状況に追い込まれて守備しかできなくなっても、何とかして1ポイントをもぎ取るという精神的なたくましさも育まれていく。

固定観念にとらわれず、自由な発想かつ真剣な気持ちで取り組ませること。それが、本物の守備力、勝つための守備力につながっていくのだ。

25 3球目・4球目の命中率を高める

サービスの後の3球目、レシーブの後の4球目――

これらは、得点できるかどうかを左右する非常に重要なワンプレーと言える。

ここでミスをしないこと、できる限り良いボールを打つことが勝利に直結するのだ。

指導者は、選手それぞれの特徴をきちんと把握し、いかにして3球目・4球目で良いプレーをさせるかを日頃から考え、それらを練習に落とし込んでいかないといけない。

命中率の向上を図り、バリエーションを増強

卓球のプレーからサービスとレシーブを除けば、3球目と4球目を「第1球目」と位置づけることができる。この第1球目をミスしないことは、卓球競技で勝つための最重要ポイント、絶対条件であると言っても過言ではない。

ゆえに、3球目・4球目は練習全体の中でもかなりのウエイトをかけて訓練すべき項目なのだ。

たくさん練習することで、まずは命中率を上げる。10球中9球の成功を合格基準とし、さらにそこから限りなくノーミスに近づけていく努力をさせる。

そして、その中で自分がどういった内容のボールを打っていくかを意識的に区別させて練習することが重要になってくる。主に、次の5種類のボールを打ち分けさせると良い。

①一発で決めるスピードボール

②逆モーションで相手の意表を突くボール

③打球点を工夫し、緩急をつけたボール

④手首の使い方を工夫し回転量に変化をつけたボール

⑤台上のストップを攻めていくボール

これらのバリエーションをフォアハンド、バックハンドのそれぞれで打ち分けられるように練習させていく。3球目・4球目の練習を選手に自由にやらせると、スピードボールをバンバン打って満足するだけという形になりがちだが、実戦では強打できないボールもたくさん来る。そうした時のために、変化をつけた打球ができるようにしておくことが重要なのだ。

ちなみに、これら5項目を1時間ずつフォアハンド・バックハンドそれぞれ練習すると、10時間が必要だ。1日ではとても足りないので、何日かに分けて優先順位をつけ、計画的に消化していくことが求められる。そして、こういったメニューの組み方は選手自身に考えさせるのが良い。自分に不足している部分の補強を優先するのか、自分の得意技に磨きをかけることを優先するのか――そのような部分も含めて考えることで、自分の卓球としっかり向き合うことができるようになるからだ。

長短それぞれの練習でランダム性を大事に

3球目・4球目の練習をさせるうえで大事なのは、長短いずれのボールからスタートするのかという課題設定だ。まずは自らがショートサービスを出した場合、もしくはストップレシーブをした場合から考えてみよう。

このケースでは、相手コートの台上ネット際からプレーがスタートする形になる。実戦の場合、相手が台上から何をしてくるか、どこにどんなボールが来るかは直前までわからない。だから練習でも、なるべく相手の技はランダムに設定して練習を行うべきなのだ。

バック前に下回転サービスを出すので自分のバック側にツッツキで返してください。そこからオールで……などという形の注文練習ばかりをしていては、実戦力が身につかない。ここにこういうボールが来ますよ、というのがわかっていれば誰でも打ち返せる。それは初心者がやる練習だ。

中級者以上であれば、相手の技を〈フォア前へのストップかバック側への長いツッツキ〉〈全面へ

19年ブダペスト大会で世界選手権男子シングルス3連覇の偉業を成し遂げた馬龍(中国)。3球目・4球目におけるオールフォアでのヤマ張り能力が非常に高い

フリックかチキータ〉といった形に設定し、様々なタイミング・コース・回転で来るボールへの対応力・反応力を高めるようにする。逆を突かれた時にどうするのか、という視点を必ず入れておかなければいけないのだ。

もうひとつは、自らがロングサービスを出した場合、もしくはツッツキやフリック、チキータなどのレシーブで長いボールから始めるパターンだ。このケースでは、相手のドライブ攻撃からプレーがスタートする形になるが、それに対しての3球目・4球目は、カウンターでポイントを奪いにいくのか、ブロックで1本つないでラリーに持ち込むのかという2種類のやり方で練習しておく必要がある。

カウンターでは、タイミングの早さやコースの厳しさを追及し、決定力を高めさせることを至上命題とする。ブロックでは、ただ入れるだけにならないことが大事。手首を様々な形で活用し、バウンド後にボールが伸びる・止まる・沈む・横に跳ねる……などの変化を入れるよう、技術に対する要求水準を高くしておくことが重要である。

いずれの場合も、サービスやレシーブに強いサイドスピンを入れて相手のドライブの返球コースを強制させたり、台からギリギリ出るという絶妙な長さのサービス・レシーブで相手に打球点を落とさせ、ループドライブを誘ったり、「前段階の技術」にちょっとしたひと工夫を入れ、待ち伏せをしやすくすることも要求していこう。

コースのヤマ張りとリスク管理を徹底

3球目・4球目で鋭い攻撃を仕掛けるためには、相手の返球コースに対する「読み」が重要になってくる。中でも、相手のレシーブ・3球目のコースを読み切り、オールフォアの一発で狙い打ちしていくプレーは、得点力増強のためにたくさん練習させておくべきだ。

コースを読む能力を高めるために有効なのが「ヤマ張り」練習である。自分のコートをフォア・ミドル・バックの3点に分けて考えた時、すべてのコースに来るボールを100%の力で打ち返すことはどんなにすぐれた選手でもできないので、それぞれのコースに対する意識の比重を変えて待つことが大事になる。

たとえば、相手の返球がおそらくバックに来ると読んだ場合。バックには70％、ミドルには20％、フォアには10％の意識を置いておく。そして、バックに来たなら強い力で打ち抜き、ほかのコースに来た場合は何とか返す、という対応の仕方をするのだ。

こういった練習を繰り返させると、読みが当たるようになってくるし、はずれた時の対応力も上がってくる。気をつけたいのは、どのコースへの意識も0％にはしないこと。こっちには来ないだろうなと思った時でも、リスクはゼロではないと言い聞かせておくべきだ。

一方で、相手のコース取りがうまくて読めないような時のために、両ハンドで待つやり方も練習させておかなければいけない。その場合はミドルをバックハンドで打つ体勢をとり、バックに来たらバック側へ移動してバックハンド、フォアへ来たらフォアハンドに切り替えて打球する。どのコースも強打はしにくいが、読み間違いによるミスが減るので、3球目・4球目で失点したくないというケースには有効なやり方だ。

なお実戦においては、選手はその日のコンディションによって動きのキレや頭の冴《さ》え方が変わる。なので、ふだんはオールフォアでガンガン攻めるタイプであっても調子が悪い時には両ハンドで構えさせたり、逆にふだんは両ハンドで堅実にやるタイプであっても、今日は絶好調だという時にはオールフォアで果敢《かかん》に攻めさせたりすると良い。調子に応じた戦い方ができるよう、タイプに関係なく平時から両方のシステムを練習するよう指示しておく必要があるのだ。

26 カットマンは「切るカット」の練習をするべし

近年、攻撃型の選手の技術革新や用具の進化により、カットマンが勝ちにくい環境となっている。しかし、カットマンも時代に合わせて進化していけば、現代でも十分世界のトップを狙える。カットという技術そのものの見直しから始めさせ、勝負に勝つためのカットの使い方を覚えさせ、効果的な攻撃力を身につけさせる。そうやって、もう一段上のレベルで戦えるカットマンを育てていこう。

まずは切る能力の向上を図ることが第一目標

私の考えでは、カットマンに一番必要な能力は、カットを切る能力である。ボールが入るかどうかにかかわらず、とにかくカットを「ぶった切る」ことだ。まずは、マシンを使って回転量の多いボールに対して、思い切り切る練習から始める。

腕だけではなく体全体を使って、上から下方向に全力のダウンスイングで切り下ろす。カットしたボールが相手コートのほうから、自分の足下《あしもと》に転がって戻ってくるくらいの回転を最低限の目標とする。マシンによる高回転のドライブボールを切ることに慣れたら、次は多球練習で回転量の少ないボールを出し、それに対しても全力で切る練習を行う。その場合は、スイングの方向がやや前方になる。

さらに、卓球台からかなり遠く離れた位置から思い切りスイングしてカットし、ボールの飛距離を伸ばしていく練習もさせる。そうやって、強い回転のドライブを切る能力、弱い回転のボールを切る能力、カットの飛距離を出す能力のそれぞれについて、フルスイングの限界値を上げていくような訓練をしていくのだ。

指導者の多くは、カットマンをフォーム重視で教えることが多いが、この場合フォームは二の次で、いかにボールを強く切れるかということだけをひたすら追求していく。そうやって身につけた「切る感覚」があって初めて、フォームが意味を成《な》してくるのだ。

そして、カットを切る感覚で一番大事なのが手首（スナップ）を利かせることである。私が現役時代、嫌というほどやったのが、鉄道の枕木のような大きな角材に向かって、金づちで五寸釘を打ち込むというトレーニングだ。金づちで釘を打つ時の手首の使い方は、カットを切る動作とほぼ同じと言える。打ち込んでいく枕木の位置や角度を様々に変えることで、フォアカット、バックカット、フォアツッツキ、バックツッツキ……など、いろいろな技術を想定して切る感覚を養うことができる。

以上のような訓練を通じ、まずはカットの最大回転量を引き上げることから始めよう。それだけでも、ずいぶんカットマンとしてのすごみが増すはずだ。

切る・切らないの変化を見分けにくくさせる

カットを切る能力を上げるのと同時に、切るカットと切らないカットの変化をわかりにくくしていく訓練も行う。切らないカットの時には、手首を固定してスナップを利かせなければいいのだが、これを相手に見切られると、カットが切れていないことが簡単にバレてしまう。

ここでも、前述の金づちトレーニングが役に立つ。金づちで釘を打ち込むと、その反動で手首が逆方向に少し戻るような動作が発生するのだが、この微妙な動作が身についていると、カット時にボールを切った時にも瞬間的に手首が逆方向に戻るので、相手からは手首が固定されているように見える。すると、実際は切れているカットを切れていないように見せることができるのだ。

また、切るカットと切らないカットの見分けをつきにくくする方法としては、カットしたボールのスピードを速くすることが有効だ。カットをゆっくり飛ばすと、相手は落ち着いて変化を見極められるが、速いスピードで飛んでくるカットは見極めにくい。

切らないカットは当て方を強くすれば自然とスピードが出るが、切るカットは元来スピードが出にくいので、速くするには体重移動を使う必要がある。腕のスイングや手の感覚としてはボールに最大限の回転をかけつつ、後方から前方への体重移動でボールを押し込むようにしてスピードを出すのだ。そうやって、切るカットと切らないカットのスピードを両方とも速くできれば、相手に「変化のわからないカットが速く飛んでくる」というプレッシャーを与えることができる。

さらには、ひざのクッションを使ったり使わなかったりすることで、相手の目に錯覚《さっかく》を起こさせるテクニックも教える。通常、ひざのクッションを使って体を沈ませると、相手にはカットを切ったように見えるが、そこでは手首を固定して切らない。逆に、ひざを伸ばしたまま腕だけを振り下ろすと、相手にはカットを切っていないように見えるが、そこではスナップを利かせて切る。そのように体と手先との動作バランスをバラバラにすることで、相手に切れ具合の判断を見誤らせるのだ。

ほかにも、横回転の入ったカットを積極的に練習させるなどして、ひとクセもふたクセもある変化カットを習得させることが重要だ。そこまでできたうえで、相手から何本打たれても返球できるような粘りがあれば、トップレベルで戦えるカットマンになれる。

バックハンドを中心にオール攻撃もやらせる

朱世爀《チュ・セヒュク》（韓国・03年世界選手権2位）の登場以来、近年はカットマンの攻撃と言えばフォアハンドドライブを用いるのがすっかり主流となってしまっているが、本来、カットマンはバックハンド攻撃を主体とすべきである。

なぜなら、カットマンはフォアカットよりも断然バックカットの使用率が高いからである。バックハンド攻撃を主体にしておけば、カットの構えからそのまま攻撃に移ることができる。攻撃する時だけフォアハンドに切り替えるというのは、非効率的だし、無理な動きをすることでミスも出やすく、あまり賢《かしこ》いやり方とは言えない。

旧来のカットマンは、相手が浮かせたストップを台上でアタックする時くらいしか、バックハンド攻撃を使わない選手が多かった。しかし、これからのカットマンはレシーブ攻撃、3球目攻撃、中陣から相手のループドライブを狙い打つカウンター攻撃など、あらゆるシチュエーションでバックハンド攻撃を繰り出せるように訓練しておくべきだ。

さらには、カットを1本も使わず、オール攻撃で試合をさせる練習にもどんどん取り組ませる。目標としては、攻撃型の選手相手に攻撃だけで勝てるくらいの能力が身につくまでにさせる。

カット打ちが苦手な選手と当たれば徹底的にカットだけで戦い、カット打ちが得意な選手と当たればカットを全く使わず、攻撃だけで戦って勝てる。さらには、その両方をミックスしても戦える……そのような究極のオールラウンダーを作るつもりで、カットマンを育成していくべきなのだ。

現代卓球でもっとも成功したカットマンは朱世爀(韓国)である。猛烈に切れたカットと守備範囲を持ち、加えて一発で抜き去る攻撃力を持っていた

27 いかにしてサービス力を高めるのか

試合のスタート、第1球でもあるサービス。実はサービスを教えるのは容易ではない。指導者自身がサービスを得意としていても、同じようなサービスを選手に身につけさせるのは結構難しいものだ。逆に、サービスを苦手にしている指導者でも、工夫次第で選手のサービス力を高めることはできる。

まずは下回転の威力。そこから様々な変化を

サービスで大事なのは威力と変化である。強烈なサービス、変化のわかりづらいサービスはそれだけで得点につながるから、まずはそこを徹底的に鍛え込んでいく。

サービスの威力の中で最も重要なのが、下回転の切れ味である。いろいろな種類のサービスが出せたとしても、下回転の切れ味があまいと相手にとっては脅威になりにくい。だから、下回転の切れ味を追及することは最優先事項なのだ。

では、どうすれば下回転が切れるようになるのか。これは卓球王国でもかつて特集されたが、仲村錦治郎氏（92年五輪代表、現VICTAS開発担当）のやり方が秀逸《しゅういつ》なので拝借して紹介したい。

卓球台ではなく、体育館の床の斜め前方に向かって全速力でラケットを振り下ろし、強烈な下回転をかけたボールをたたきつける、というトレーニングがそれだ。そのボールが自分の足下に勢い良く戻ってくるレベルになることが、下回転が切れているかどうかの目安になる（下写真参照）。そうやって強烈な下回転を身につけたのち、今度はそれを卓球台の

下回転を切るトレーニング

強い下回転をかけつつ、床の前方斜め下に思い切りたたきつけたボールが、足下まで転がってくるように訓練する

中に収められるように訓練していくのだ。

強い下回転のサービスが出せるようになったら、今度は強烈なスピードのロングサービスをマスターさせる。下回転とスピードという威力で相手に恐怖心を植えつけられるようにするためだ。

その後、横回転、斜め回転、上回転、ナックル(無回転)など、様々な球種を増やしていく。同時に、コントロール能力を高めていくことも重要だ。卓球台の右側、左側、中央、サイドを切るコース、両コーナーギリギリいっぱい……といった左右のコントロール。長いサービス、短いサービス、2バウンド目が台から出るか出ないかのハーフロングサービスといった長短のコントロール。高いレベルで通用させるためには、それらを完璧に近づけておくことが求められる。

さらには、バックハンドサービス、フォアハンドサービス、しゃがみ込みサービスといったモーションの多彩さ。フォア側から出したり、バック側から出したりといった立ち位置の自在性。高く投げ上げたり、低くしたりするトスの変化……そういったバリエーションをどんどん増やしていき、試合で使えるサービスがたくさんある状態にしておこう。

対戦相手に「効く」サービスを出す意識

サービスで大事なのは、ただ単に威力を高め、変化の幅を大きくするだけではいけない。肝心《かんじん》なのは実戦で有効なサービス、ポイントにつながるサービスが出せるかどうかだ。

2019年に新星として世界のトップクラスに駆け上がってきた林昀儒（チャイニーズタイペイ）。同じモーションから長短のサービスを出し分ける技術を持っている

まず、試合で意識しなければいけないのは対戦相手である。対戦相手がレシーブ時にどこに構えていて、フォアハンドとバックハンドのどちらが得意なのか、台上の技術レベルはどの程度か、ロングサービスへの対応力はどうか、体から遠いボールへのフットワーク力があるのかないのか、体に近いボールのさばき方がうまいか下手か……そういった基本情報をもとにして、出すべきサービスを逆算的に決めていかなければいけない。

もちろん、初対戦の相手では情報がないので、1ゲーム目にいろいろなサービスを出して出方を探りつつ、攻略法を見出していかなければいけない。また、一定以上のレベルであれば、同じサービスがずっと効き続けることなどはないので、戦術的な組み立ても大事だ。

短いサービスを意識させておいて、勝負どころで長く出す。切れていないサービスを中心にしておきながら、勝負どころで切る……といった駆け引きで相手を陥《おとし》れていく。そのような「策士《さくし》」になることが大事だと、指導者は選手に言い聞かせておく必要がある。

また、サービス自体の威力や変化で大きく相手を崩すことができない時には、3球目への連係を意識したサービスを出すことも重要だ。3球目で自らのフォアハンド攻撃、バックハンド攻撃のそれぞれがやりやすいサービスを出す。切れていないサービスやハーフロングサービスなどをレシーブで相手にわざと攻撃させて、それをカウンターで狙い打つ作戦なども効果的だ。

レシーバーのテクニックが非常にハイレベルで、少しでもあまいサービスを出すと2球目攻撃でやられるという場合は、とにかくレシーブ強打をされないような、短く低いサービスに徹することも必要である。その時には、台上のストップ合戦になることが多くなるが、そこから勝負をスタートさせる意識で臨むのだ。

指導者はそのように、「相手に効くサービス」を総合的な視点で出せるようになるよう、戦術面・頭脳面での指導も行っていかねばならない。

イメージトレーニングやトップ選手のコピー練習が重要

また、新しいサービスを開発したり、サービスをバージョンアップさせていくために有効なのが、イメージトレーニングである。おすすめなのは、鏡を使って自らのラケット角度や軌道を確かめながら、スイングの仕方を研究していくやり方だ。

ボールと卓球台を使ってサービス練習をすると、どうしてもボールに気を取られて自由なスイングができなくなる。サービスを成功させなければいけないという思いが先行するため、スイングから鋭《するど》さが失われたりもする。だから、まずはイメージトレーニング＝素振りでスイングの仕組みを作っておき、それを実際のサービス練習に持ち込む、という流れで技術を作っていくのだ。

その際、自分が気に入っているトップ選手のサービスや、試合で対戦して敗れた相手のサービスなどをコピーするのも良い。いろいろな選手からネタを拝借《はいしゃく》してサービスを増やしていくのは、非常に賢いやり方だ。もちろん、自らのひらめきやアイデアを生かして、誰も見たことがないようなオリジナルサービスを作っていくことにもどんどんトライすべきだ。

サービスの達人として高名《こうめい》な村瀬勇吉氏（ピンテック）が言うように、サービスはマジック＝手品である。種と仕掛けがあるのだが、それをいかにして対戦相手にわからないようにするか――そこが勝負だ。

そういったテクニックを身につけるためには、やはり練習量が必要になる。選手は放っておくとラリーや実戦練習ばかりしてしまいがちだが、練習全体の中で、サービスだけを集中的に特訓する時間は、指導者が必ず確保すべきである。

28 レシーブ攻撃を狙え

現代卓球のトップレベルでは、サービス側よりもレシーブ側の選手が有利にプレーできるようになってきている。これは、レシーブ技術の発展向上によるところが大きいが、逆に言うとレシーブ技術のレベルが低ければ、レシーブ側の選手が優位に立つことはできない。だから、指導者にとって選手のレシーブ力向上を図ることは、超重要項目と言える。実戦でハイレベルな技術を発揮できるよう、技術・考え方・メンタルの訓練を徹底していこう。

レシーブの定義――攻撃を第一優先に

まず、指導者は選手に「レシーブの定義」を教え込まなければいけない。この考え方を身につけていないと、いくら良い技術を持っていても実戦でレシーブがうまくいかないからだ。

レシーブの定義の第一は、レシーブ攻撃でポイントすることである。相手のサービスが少しでもあまければレシーブから狙い打ちして、すかさず得点する。その意識を何よりも優先させなければいけない。

特に、2バウンド目が台から出るサービスは確実にレシーブドライブで一発で抜き去る、というくらいの基礎練習を行っておくことが大事だ。台上のサービスでも、バウンドが高くなったものは一撃必殺のパワーフリックやチキータでぶち抜いていく。

第二には、相手のサービスが厳しく来た場合に、相手から3球目攻撃をまともに食らわないようなレシーブをすることだ。台上に短く低くストップしたり、鋭いツッツキで相手の攻撃を下から持ち上げる形にさせたり、モーションに変化をつけた払いで相手の対応を迷わせたりする。

そして第三は、最後の手段。相手のサービスの変化や配球が全くわからない場合に、とにかくバウンドが高くなっても回転があまくなってもいいから何とか返球し、相手から3球目で攻撃されたボールを必死になって返したり、チャンスがあればカウンターで打ち返したりする。

以上3つの定義を順番として頭に入れておくことが実戦に強いレシーバーになるための絶対条件であり、指導者はこれを口酢っぱく教えておくことが重要だ。特に定義の第一、レシーブ攻撃を最優先させる意識はメンタルを強気に保てるかどうかと直結するので、絶対に譲《ゆず》ってはいけない。打てないサービスが来たら打たないが、基本は打つ——そういうつもりで入っていくことがレシーブ成功の秘けつなのだ。

よくあるのが、自分はレシーブが苦手で特に払いができないので教えてください、などと言って来た選手に技術を教えると、練習では問題なく上手にできるというパターン。これはまさにメンタルの問題で、試合になると萎縮《いしゅく》してできなくなるのだ。こういう選手にこそ、レシーブの定義・考え方をしっかり植えつけることが必要なのである。

構えとスタートを重視。神経系の練習を大事に

レシーブでは様々なテクニックを駆使する必要があるが、その前提条件となるのがスタートの構えである。最近の若い選手を見ていると、ラケットを台の高さよりも低く下げて構えるのが目につくが、これでは台上のサービスに対してラケットの入りが遅れるため、あまりおすすめできない。まず、ラケット位置は台よりも高くしておくのが基本だ。

そのうえで、卓球台に対してどういう位置にポジショニングしておくかが重要である。相手のサービスは、大別するとフォア・ミドル・バックの3コースに、台上・出るか出ないか・大きく台から出る……という3パターンの長さで来る。つまり、9点を意識して待つわけだが、それぞれの位置に来るサービスに対して基本的にフォアハンド／バックハンドのいずれでレシーブするのか、どの長さに的《まと》を絞《しぼ》って待つのか、という問題がある。

これは、選手の得意技術／苦手技術から逆算してポジショニングを決めていくと良い。バックハ

ドイツのベテランエースのボル（11年世界選手権単3位）。レシーブの構えでのラケット位置が高く、それが反応の早さと台上でのボールタッチにつながっている

ンドが得意な選手であれば中央寄りに、フォアハンドが得意な選手であればバックサイド寄りにポジショニングさせる。台との距離感は、長いサービスが苦手な場合は少し離れさせ、短いサービスが苦手な場合は近づき気味にさせると良い。

そうやって選手ごとにレシーブの立ち位置と構えを決めさせたら、そこからオールコートに出されるサービスに対する反応練習をさせる。これは、とにかく第一歩目のスタート、反応を早くすることが重要だ。いち早くボールのバウンド地点に足・体・ラケットを入れ、できるだけ早いタイミングでボールをとらえてレシーブする。アタックする場合もストップする場合も、バウンド上昇期にボールをタッチすることで相手サービスの回転を利用して威力を倍加できるからだ。

こういったレシーブ練習は神経・感覚の訓練で

あり、上達させるにはとにかく数をこなすことが大事だ。一般的なチームではドライブ練習、フットワーク練習など体力を使う訓練に多くの時間を割いているが、むしろ練習の大半の時間をレシーブ練習につぎ込むくらいのことをしても、私はいいと思う。

地味なレシーブ練習をいかに楽しくさせるか

レシーブでは相手から様々な回転のサービスボールを受ける形になるが、どのような回転が来ても自分の思いどおりのレシーブができる、という自信をつけておくことが大事だ。

これは昔からよくある練習だが、ランダムに様々な回転のショートサービスをどんどん出してもらい、最初の10分間はずっとフォアハンドの払い、次の10分間はずっとストップ、次の10分間はずっとチキータ……などという形で、相手からどんな回転が来ても自分が思った技術で返す。こうした訓練をたくさん行うと、レシーブの技術力は飛躍的に高まる。

ただし、このような練習は地味でおもしろくないと思われてしまいがちだ。そこで問われるのが指導者の力量である。この一見おもしろくない練習をおもしろく見せる。たとえば、「こんな変化のついたサービスをこんな風にストップできたら楽しいぞ」とか「どんなサービスでもこんな風にバンバン払って点数が取れたら楽しいぞ」という技を選手に見せてやり、その楽しさを教え込むのだ。

自分でできない指導者は、トップ選手の動画などを教材として見せるのでも構わない。

また、ラリーで手数《てかず》をかけて1ポイントを取るよりも、レシーブ一発でポイントするほうが楽だし簡単だ、という点も力説するといい。特に、自分よりも格上の選手を倒そうと思えば、まともにラリーでやり合って勝てる可能性は非常に少ないが、第1球目のレシーブで勝負をかけてポイントを奪いにいく、というやり方であれば勝てる可能性が十分出てくる。相手もそのほうがずっと嫌に決まっている。

そのようなことを理解させることができれば、レシーブ練習は難しいし地味だと思って敬遠していた選手が、おもしろいし強い選手に勝てるならやりたい、と思って意欲的に取り組み始めるはずだ。その最初のきっかけを、ぜひ指導者が与えてほしいと思う。

第5章

指導者のいない選手はもっと強くなる

29 指導者がいなくても工夫次第で世界選手権に行けた

すべての選手に指導者がいるわけではない。

指導者がいない選手のほうが圧倒的に多いはずだ。

かつて日本から生まれた多くの世界チャンピオンには指導者はいなかった。

選手自身が指導者の目線を持ち、選手自身が考えて、自分が強くなるためには何をすべきか。

相手を観察し、その特徴を書き留めつつ倒していく

私は中学校２年生から卓球を始めた。かなり遅いスタートだと思う。14歳から始めて19歳で世界選手権に初出場した。卓球を始めてから５年後のことだ。１９７１年世界選手権名古屋大会に出た頃も、私には指導者がいなくて、まさに自己流の卓球だった。

現在、私が中学生を対象とした地方の講習会などに行って「高校に行っても卓球を続ける人はい

ますか？」と聞くと、ほとんどの人が手を挙《あ》げない。これは、『このまま続けていても世界選手権なんかには到底出場できないと思っている』ということの表れなのだろうか。

そこで、「自慢話ではないですよ」と断ってから、「私は14歳で卓球を始めて19歳で世界選手権に出ました。誰にも教わっていないんですよ。やり方ひとつで行ける可能性はあるんですよ」と話すことにしている。「指導者がいない＝うまくならない＝続けていけない、ではなくて、工夫しだいで行けるんですよ」と、話すのだ。

なぜ、私は短期間で世界選手権出場ができたのか、ということをいろいろ考えてみた。

現在のように、全中（全国中学校卓球大会）はなく、当時は近畿大会が一番大きな大会だった。隣の中学校（枚岡中）は、その近畿大会で男女優勝するような強豪校だった。一方、私の行っていた中学校はかなり弱かった。そこで先輩が、毎週土日にその強豪校に練習に連れて行ってくれたのだ。

そこには、本間先生という女性の先生がいた。私は全くの初心者だから、枚岡中では誰の相手にもならない。そんな私を見かねた本間先生が私のところに来て「高島くん、あの女の子とやりなさい」と言った。男子選手だと全く相手にならないという配慮だったたが、私自身は、『ぼくの実力だと、女子とやっても負けるな』と思っていた。そこで、負けず嫌いの私は「お腹が痛い」とごまかして女子の相手をやらなかった。他の選手が練習している間どうしているかというと、自分はその風景を見て、自分が勝てそうな相手を見つけて、その人を徹底的に観察していた。ノートに取って、どんなサービスを出すのかなど、事細かに書き留めた。そして、その時に私は次のような目標を立てた。

『枚岡中が一番強い学校だから、一番弱い人をやっつけて次々と勝っていき一番上の人まで行く！』

そうやってずっとやっているうちに、5月くらいに地区の新人戦があって、私はその時初めてトーナメントに出場。驚いたことに、いきなり優勝した。それまでは野球など、団体競技しかしたことがなかったから、初めて個人競技っておもしろいなと思った。ひとりでやってひとりで勝ったから、このまま続けてやってみようかなと思った。その時、負けていたら卓球は続けていない。もともと卓球は好きではなかった。当時は、卓球は女の子がやるスポーツだという偏見《へんけん》を持っていたからだ。

だが、それからは真剣に卓球に取り組むようになった。4カ月くらいで部内のトップクラスの人の相手もできるようになっていた。そんな短期間でなんで強くなったかというと、枚岡中で観察していた時、相手のプレーをメモして、それを参考に対策を立てていたからだと思う。『今週、この人を倒したから、次はこの人』というように、次々に挑戦していった。対戦する前に、『そのメモを見ながら、この人にはどういう戦い方をしたら勝てる』みたいなことを考えて向かっていくから、次々と倒すことができた。それらはすべて自己流だった。

19歳で初めての世界選手権（名古屋大会）に出場した筆者。
指導者のいない時期に日本代表になった

うまい人がいたら直接聞きに言って真似をする

カットのフォームも全部、人真似だった。そこそこ上手なカットマンがいたので、その人に直接聞きに行って真似をした。時々高校生も練習に来ていたので、その高校生にも用具は何を使っているのかなどを聞いたりした。基本的にそういうことが好きだった。見て観察して、書き留めておくのは全く苦にならない。

毎週、枚岡中との練習会に行って、試合で次々と勝っていくから、本間先生もすごくかわいがってくれた。「この子はうちに来て、一生懸命努力してどんどん強くなっていく。来るたびにうまくなっていってる」と評価してくれた。中学卒業するまでずっとこんな調子だった。

中学3年の時に、うさぎ跳びをやり過ぎてオスグッド病（ひざのオーバーユースによって起こる成長期スポーツ傷害。小中学生男子に多い）になってしまい、ひざが痛くて歩けなくなって、医者にスポーツをやめなさい、と言われるくらいだった。中学3年の8月頃に、大阪の府大会があって、6位までに入れば近畿大会に出られるという大会で私は6位になった。2カ月後の10月の近畿大会には、ひざの痛みを押して出場した。ただ、その後、受験も控えているし、『たぶん、卓球をやるのはそこまでだろう』と思っていた。

とりあえず選ばれたから近畿大会には出たが、それで引退すると周りにも言っていた。その間、足は痛くて練習は全然できなかった。その大会で1回戦や2回戦で負けていたら、卓球は続けていなかったと思う。と同時に、もしも優勝できていたら、自分の中ではやり切ったということ。それできっぱり卓球をやめていたと思う。ところが、決勝まで行ったのに負けてしまった。悔しかった。そこで考えが変わった。

それまでは10月で卓球はやめて学業に専念して進学校に進むはずだった。ところが、負けたままで卓球をやめてしまうのが悔しくてしょうがなかった。八尾高校という進学校があって、そこを目指していたけど、近大附属高校に貴瀬先生という方がいて、熱心に「高島、うち（の卓球部）においでよ」と誘ってくれていた。「いえ、ぼく、足が悪いし、ドクターストップもかかってるし」と断り続けていたが、決勝で負けて悔しい思いがあったから、どうしようかな、と迷い始めていた。とうとう学校の中で進路が決まっていないのが私だけになってしまった。でも、オスグッド病は成長して骨がかたまってきたら痛みはなくなるし、とりあえず卓球をやってみてダメだったら勉強すればいいか、と思うようになって、近大附属高校に行くことを決めた。

最初の1年は足が痛くてほとんど走れなかった。ただ、このままじっとしていても仕方がないと思い、毎日、腹筋・腕立てを500回。もちろん、1年の時はインターハイはもちろん、何の大会にも出ていない。2年生になって走れるようになったら、全日本ジュニアでいきなり3位に入った。それが全国デビューで、インターハイは団体戦で決勝まで行ったが、名電高に負けている。

貴瀬先生は面倒は見てくれたけど、技術的なことは教えてもらってない。近大附属の卓球部では私がコーチになっていた。そこで学んだことは、指導者がいない時は、選手間のコミュニケーションが重要だということ。「教え合いっこ」をする。ひとりで考えていてもダメなのだ。「こうすべきや」「こう打てよ」とか、そうした仲間同士のコミュニケーションが生きていく。

私には仲良しの同級生が4人いて、その4人一緒に近畿大学まで上がった。ひとりで行っても強くなれないから、他の3人は就職が決まっていたけど、一緒に近大に進学して卓球やろうと私が誘った。私の授業料は免除ということだったので、その分を4人に分けてくれないかと交渉して、それが通った。それで他の3人も大学に入ってくれた。

私のとっての指導者とは貴瀬先生はもちろんだが、仲良しだった卓球仲間はかけがえのない「指導者」だった。

30 部員同士のコミュニケーションによってチーム力はアップする

指導者がいない時こそ、コミュニケーション能力がつく。

もともとはコミュニケーションが取れないという人がいても、ひとりリーダーシップを発揮できる人間がいたら、その人がまとめて、ちょっとずつ人間関係の結びつきが強くなっていく。

それによってチームワーク力がアップするのだ。

ヤンチャな子は指導者がいなくても大丈夫

指導者のいない卓球部は、コミュニケーションさえうまくいけば部員同士で実力を高め合える。逆に指導者がいるところでは、すべてを指導者がナビゲートするから、選手が自分たちで考えることをしなくなるケースもある。

ヤンチャな子というのは、指導者がいても自分で仕切ろうとするから、悪い言い方すると、自分が上級生になったら下級生はみんな奴隷《どれい》のようにしてしまう。自分で何でもこうやりたい、という気持ちが強いために、そういう子は指導者がいなくても大丈夫なのだ。

私は、ヤンチャではないかもしれないけど、負けず嫌いだから勝負に対して考え尽くしていく、じっとしていられないタイプだった。ヤンチャな性格ということだけで弾き出される子もいるが、そういう子には手を差し伸べたら、また別の人生があるかもしれない。

日本の卓球の黄金時代と言われる１９５０年代から１９６０年代にかけて、指導を受けていない人のほうがチャンピオンになっている。

私の時代に、日本卓球協会は矢尾板弘さんや福士敏光さんが強化部を総括していた。〝日本選手は全然ダメだ。精神的に弱い。一球一球命がけで打っているような球が見えない。荻村伊智朗・田中利明時代とは全く違う。結局、指導者がいないからダメなんだ〟と結論づけていた。そして、〝時々合宿をして、選手を集め、そこに指導者を呼んで指導していったほうが選手たちは強くなるだろう〟と。また、〝荻村、田中の時代は自分たちで工夫してやっていたけど、１９６０年代後半から１９７０年代は指導者のいないところでやっていたから、結局、トップはとれなかった。今の選手は荻村・田中時代のような努力はしていない。人間のできる限界のところまで彼らはやっていた。今の選手それを今の選手たちが超えるのは無理だ。つまり、良い指導者がいて、やっとそこ（荻村・田中時代の日本の実力）まで追いつくことができるのではないか〟と専門誌に書かれていた。

ある程度は当たっていると思う。私自身、大学2年生の時に限界を感じて卓球は一度やめている。こんなに調子が良くて、自分の実力を発揮できているのに全日本でトップに立てない。それで自分の限界を感じてやめた。

私は指導者がいなくても勝ち上がっていくことはできると思う。ただ、チャンピオンになれるかどうかはわからない。指導者がいなくてもチャンピオンになれるとは言えないが、トップクラスにまでは行けると思う。

インターハイを見ていて、もちろん良い指導者がいるに越したことはないけど、それがすべてではない、とつくづく感じる。指導者がいなくても負けず嫌いであれば、それなりに強くなる可能性はある。逆に、指導者がいることの不幸せというのもある。良い指導者に巡り会うというのもなかなか難しい。また自分で指導者を選べないこともある。自分と合わないと思っていても、3年間はつき合わなければいけない。場合によっては6年間の場合もある。指導者がいるということが、全部が全部幸せということでもないのだ。

個人には限界があるからこそ、チームメイトのコミュニケーションで力を上げる

自分が持っている潜在能力の中でどんなに広げても個人の限界がある。そこに、他の人の能力が

令和元年度秋季関西学生リーグで１部に昇格した神戸大。写真はエースの福田
（写真：関西学生卓球連盟）

加われば、違う人の考えを入れてもらって、自分の違う能力を引き出してもらえる。自分の良さとか欠点というのはわかっているようでわかっていない。どこまでの可能性があるかどうかは、自分ではなかなかわからない。それは第三者から引き出してもらうほうが早いし、そこで良い指導者に出会うと、選手はより伸びる。それはどんなスポーツでも同じだろう。

指導者がいない場合は、チームメイトがその役割をしてくれる。自分の持っているポテンシャルがチームのメンバーによって引き出される。それは確実に言える。

関西学生の秋季リーグで、1部は8校（90校の中で）。今回（令和元年度秋季）、神戸大学がこの中に入った。高校の実績がない選手ばかりだから、普通は国公立の神戸大学が1部には入れない。では、なぜ1部に入れたのか、というと、やっぱり、それはコミュニケーション能力の高さだと思う。神戸大の数学の先生が、「彼らは隙間《すきま》時間の使い方がうまい。彼らは偏差値を上げるにはどういう勉強をしていけばいいのか、そういう勉強の仕方を知っている。それをそっくりスポーツにあてはめた。だから1部に上がれたんだ」と言っていたそうだ。

その代わり、さすがに優勝はできない。でも今までの歴史の中でも、国公立校が1部に上がれることはなかなかなかった。部員同士、コミュニケーションがとれて、自分たちで効率良く練習してきたから、そこまではいけたのだろう。

指導者がいなかった時に、どういうふうにしたら上に上がれるか、強くなれるか、強豪に勝てるかというのは、自分たちで考えて分析して取り組むしかない。これを怠《おこた》ったら、やはりチームは勝てないだろう。

自分ひとりだけで一生懸命やっていたら、それが果たして正しいのか間違っているのかわからない。個人個人が考えていることを話し合うことによって、チームメイトの誰かが判断してくれたりする。そしてやがて形になっていく。

私の高校時代、近畿地区でその頃強かったのは東山高校だった。『東山の卓球はどんなことしているんやろ』と見に行ったこともある。やはり相手に勝とうとするならば研究しなくてはいけない。徹底して研究すれば、そこそこ戦えるようになる。

私自身、カットをやる時に〝ここではカットしたらいいのか、しないほうがいいのか〟いろいろ悩んでいた。そういう時は、いろんな人に聞く。長谷川信彦さんのドライブをカットで返球するためには、愛工大の笠井賢二さん（1969年世界3位）に聞きに行った。「カットは絶対切ったらいかん」と言われた。一方、元日本代表の古川敏明さんは「カットはブチ切るべきだ」と言う。結局、自分では『そうか、切ったり切らなかったりしたらいいんやな』と思うことになる。両方できないとダメだと自分なりに感じたのだ。

正解はひとつではない。聞いたことをそっくりそのまま実行してはいけない。まず真似をするけれど、結局、最終的には自分で考えて自分でアレンジしなければいけない。真似から始めるが、真似する相手は向こうからは来てはくれないので、自分で足を運んで研究しにいかなくてはならない。それを自分なりに分析して、うまくいっているかどうかを検証しながら、どのレベルまで技術的に上がっているかを自分で採点していかなければならない。

たとえば、卓球台の端に30㎝の四角をチョークで書いて、そこに何球連続して入れられるか、今日は10球だったけど1週間後は20球入れられるようになった、というように自己採点をすれば良い。技術レベルが上がってるかどうかは、基本練習の中で、そのように自分でチェックしていかないとわからない。自分の実力を上げながら相手の癖とか相手のシステムとかを研究して、試合をする時に作戦を考える。作戦というのはそういうところから生まれる。つまりそれこそが戦術である。

私が全日本選手権に出場していた頃、3年間ランク決定戦で負けて、どうしてもベスト16に入れなかった時期がある。同じレベルの人が自分を含め32人いるということで、私は彼らの癖やプレーシステムなどを研究した。

たとえば、全日本で当たる可能性のある人を対象にジャンケンノートを作っていた。ジャンケンで勝ってボールを選び、もう1回勝ってコートかサービスを取る。2回勝つと負けるのとでは相当な違いが出てくる。

ジャンケンというのはだいたい癖で出すことが多い。初めて当たった人の時、どうやって決めるかというと、自分なりに統計をとっていて、緊張して萎縮《いしゅく》している人はグーしか出さない。だから、相手がそういう人だと思ったらパーを出すと勝てる。神経質な人はチョキを出す癖がある。そのように分析して出していた。もちろん、すでに何度も当たったことのある人はデータがあるから、そのデータどおりに出していた。

ちょっと異常に見えるかもしれないけど、そういう分析が好きだったので、中学の時からずっと続けていた。

「目標設定」は絶対に必要だ。野球のイチローは若い時に「大リーグに行く」と言ったら笑われたそうだ。そんな小さい体で無理だ、と。やることなすこと、みんな最初は笑われた、と。

だが、笑われるということは、「そんなことできるわけがない」と周りから思われているわけだけ

令和元年度秋季関西学生リーグで53年ぶりの優勝を飾った関西大男子卓球部。
部員同士のコミュニケーションは抜群だった

れど、そのくらいの目標がないと実力は上がっていかない。

手が届くような目標というのもあるけれど、本当に上に行きたい人は、「そんなことができるわけがない」と周りから思われるようなことを目標に設定しないと、本当の目標は達成はできない。

31 卓球への問題意識、取り組み方を卓球ノートに書き記す

卓球ノートをつけることの利点は、自分の卓球を深く考え、分析し、それを後で読み返すことができることだ。それは上達の過程の大きなステップになる。

知識と情報を活用して、練習計画を作ろう

指導者のいない選手が技術・戦術・練習方法を高めていくには、今の時代はやはりインターネットを活用すべきだろう。中国のトレーニングでもYouTubeなどで見ることができるから、それらを積極的に活用すべきだ。そうして情報はすぐに手に入る。あと必要なのは、知識だ。迷いが出るとか、自信がないとかというのは、そこに知識がないからである。

技術的なものがわからない時は、人の技術を見たり、人に聞くのが一番早い。そこでコミュニケーションをとって習得していくのが早道である。それが技の部分である。

戦術というのは、情報である。知識と情報をうまく活用して、どういう計画で進んでいくかということを高めれば、必ず結果が出てくる。

練習時間が限定されている学校などは、短時間でどうやって成果を出すかということを考えていこう。練習時間が短いということは、もう少しやりたいな、というところで終わったり、これから調子が上がってきそうだというところで練習が終わりになる。だから、自分の中で何も解決していない状態で、満足感がない。その満足感のない気持ちをどうするかということを、次の日の練習までの時間にノートにしたためておく。ここで終わったけれど、次はこうしよう、とか、ここの部分をもっとやって成果を上げたいと書き留める。翌日の練習は、そこの隙間を埋めることから始める。そうでないと身につかない。

練習時間が3時間なら30分おきに何をやるか、順番を決めて、そのプログラムどおりやらなければいけない。それでもやり残すことがあるかもしれない。その場合は、翌日にそこから始める。そのように1週間続けなくてはいけない。こういう組み立てを作れるかどうかで、強くなれるかなれないかも決まってくるし、指導者のいない選手は、そういうところで勝負していくしかない。

練習で考えたこと、感じたことを卓球ノートに書き留める

ある強豪の高校で練習風景を見ていたら前述したように自分の決めた練習プログラムを誰もやっていなかった。中には、「どういう練習をしたらいいですか？」と聞いてくる選手もいた。「そんなことは自分で考えるんだよ」と言うと、5分くらいボーッとしている。

先日、そこの部員たちが卓球ノートをつけているというので、見せてもらった。1日練習が終わったあとのノートなのに、3行くらいしか書いてなかった。最近、こういう書き留める意識を持たない選手が多い。ノートにぎっしり書いている選手は少なくなった。

ある時、2泊3日の合宿をしたことがあるが、「高島さん、私はこの大学ノート1冊、全部書き切ります」と言ってきた選手がいた。その子は高校卒業後に東大に進んだ。やはり3行しか書かない選手はダメだと思う。頭がいいとか成績が良いとかということではなく、練習で考えたこと、感じたことをそのノートにきちんとまとめて書けるということは、卓球のことを頭の中できちんと整理できているということにつながる。そういう能力を養わないと、自分ひとりでは強くなっていくことはできない。だいたいそういう選手は、自分の好きなことをやって、役に立つ練習なんかは全くやっていない。

指導者がいるいないに関わらず、練習は試合と同じ条件ではできないのだから、常に問題意識を

持ち、工夫をしながら練習を組み立てていかなければ強くなれない。レクリエーションだったら楽しければいいのだけれど、勝ち負けがはっきりする競技なのだから、負けたくないのであれば、最低限そのあたりを意識して練習を行わないといけない。それをベースにしていくと、先輩とか同僚とかからの助言によってヒントも生まれる。そのような練習ができる選手は、その考えと行動をずっと人生につなげていける。将来、卓球を続けている続けていないに関わらず、卓球をやっていたおかげでそういうことが身についたと思ってもらいたい。

一方、指導者のほうは、たったの3行を書いてきた選手を、そのままにしていては良くない。ノートの書き方、つまり自分の卓球を見つめて、どういう練習をしたらいいのかなどをノートの隅々《すみずみ》まで書くことができるほどに指導していかないと、その選手の進歩はないと思うべきだ。もし、そういう指導ができないのであれば、そういうノートを提出させてはいけないのである。

もちろん、哲学的なことを書けといったら無理だし、そういうことを望んでいるのではない。ノートの書き方を教える＝卓球への取り組みを自分で考えさせる。1日練習をやったことについて、「どういう練習をしたのか？」「自分はどういう調子だったか？」「次、どういうふうにやろうと思っているのか？」「そのためにはどんな努力をしなくてはいけないと思うか？」など書くべきことはいくらでもある。3行しか書けない選手にはそういうヒントを与えてやる。そして、それらの結果がどうなったかということも書き記すべきことと指導する。指導者が、そういう書き方を教えてやらないと、いつまでたっても3行だけしか書けない選手になってしまう。2ページも3ページも書けというのではなく、1ページで十分。ただし、1ページぎっしり書かせる。2行や3行書いても意味はない。選手本人は、卓球への取り組み方は自分なりにわかっているし、問題意識もあるという場合でも、ノートの書き方がわからなくて3行で済ませてしまうこともある。そこで、指導者が、このようなことをノートに書き留めるんだよ、と書き方を指南してやれば、その選手は、ノートの書き方を習得し、そのノートを書いたり読み返しているうちに、より自分がやろうとしていること、やりたいこと、目標が明確になり、さらにはそのためにどうすべきかということも自ずと見えてくる。

一方的に与えられた情報というのは10%しか脳に残らないと言われている。自分で考えさせるということでないと、その情報が自分のものにはなっていかない。

自分の卓球を深く考え、分析するからこそ、ミラクルショットが生まれる

卓球ノートをつけている選手は多いと思うが、現実には、〝決まりだから、とりあえず書いて提出する〟というケースが多々見られる。逆に言えば、指導者がいなくて見せる相手がいなくても、卓球ノートを自分のために書いておけば、そのノートが技術習得とかレベルアップのステップに十分なり得るということだ。

卓球ノートというのは、私の時代にもあった。でも、私は自分用の卓球ノートは別個に作った。提出ノートのほうには、「今日の練習内容」とか「今日はこうだった」みたいなことを書いた。提出ノートに書きたくないことがある。私の場合は、深く考えて自分なりに分析した内容は「これは自分のもの」という感覚があって、第三者には絶対に見せたくないのだ。別に自分用の卓球ノートがあるのであれば、提出用は3行でもいいかもしれない。いいか悪いかは別だけど、私はそうしていた。

指導者のいない選手は、このようなノートを自分用に作っておくと、必ず上達の過程の大きなヒントになっていく。たとえば、優れた指導者に作戦・戦術を教わっても、そのますぐにそのとおりにできるわけではない。それをやろうとしてできなかった時に、ノートを見て自分の持っている部分をどこでどう出すか、そういうアレンジができるようになることが上達につながる。

選手というのは習って覚えたフォームや技術で試合をするが、習得してきた技術を出し切ってもどうしても歯が立たないという場合に、その試合の中で新しいサービスを見出《みいだ》したとか、ミラクルショットが出るとか、その瞬間に変わるプレーが出てくる場合がある。それを出せない選手は負けるが、それが出れば格上の選手に勝つこともできる。習ったことだけで勝てると思ったら大間違いだ。試合中にそのようなプレーができるのは、ふだんから自分の卓球について考えたり分析したりしているからであって、ふだんそういう姿勢がないと、試合中に突然、ミラクルプレーをすることはできないのである。

32 強くなれないのは「指導者がいないから」なのか⁉

指導者がいなくても戦術とか技術とかは、格上の選手などを見て真似したり研究したりすれば、ある程度は習得できるものかもしれない。だが、メンタルについては推《お》し量《はか》れない部分がある。指導者がいれば、弱いメンタルの選手には、競った局面で勇気を与えるアドバイスをしたり、事前に指摘してくれたりすることがあるのかもしれない。では、指導者がいない場合は、どうやってピンチを乗り切ったり、平常心を保つメンタルを育んだらいいのか。

自分を見てくれる人が必要。指導者がいなかったらチームメイトでも良い

試合をやって負けた。反省する。それでは何を反省するのか。それは技術的な反省がほとんどだろう。『あのサービスが全然きかなかった』『あの球が取れなかった』。まずそこから改善する。自分の試合を見ていた先輩や同僚に、どうだったか、悪いところはどこだったかを聞いて、指摘されることによって、自分の気づかなかった部分もわかってくる。

ただ、それだけでは不十分なのだ。次に対戦した時に、『相手は前と同じ戦い方をしてこないかもしれない』と考える。『新しいサービスを出してくるかもしれない』と考える。つまり、その敗戦を分析して、一歩先を読んで対策を考えていくことが重要なのだ。

指導者のいない選手の最大のデメリットは、もしかしたら、にらみをきかせてくれる存在がいないから、自分に甘えるというか、本当は100％、120％の集中力を出さなくてはいけないのに、見ている人がいないから80％くらいになってしまうことかもしれない。

後ろに吉田安夫先生がいるかのように、荻村伊智朗さんがいるかのように、という状況を想定して、集中力を高めることはできるのだろうか。

もちろん、たとえ技術的な指導ができない顧問の人でも、指導者がいるだけで緊張感があって誰も見ていない場合よりは集中力は高まるのが一般的だ。私の場合も、指導者がいなくてもチームメイトの4人で切磋琢磨したから強くなっていけたのだと思う。ひとりだけでは強くなれない。

少数でもいいから、それなりの競争ができるレベルの選手を見つけよう。ある程度、考え方が一緒で目標値も一緒、やろうとしていることも一致しているとなれば、指導者がいない環境でもかなりレベルアップはできる。神戸大学がまさにそうだった。誰ひとり集中力が低い人間はいなかった。入れ替わり立ち替わり卓球台について練習するので、台が空く時がなかった。短時間だから、役に立つ練習しかしていなかった。

競争の世界では、当たり前のことをやっていては勝てない。いかにして時間を大切に使うかが勝敗を分ける。

負けた試合だからこそ、得るものは大きい

指導者はいなくても強くはなれる。今は、情報はいくらでも手に入る。調べ方によっては、わからないことはない。「どうしたらいいか?」と悩んだ時、リアルタイムに答えが導き出せる。指導者がいるから勝てる、いないから負けるというものではない。

中には、自分が強くなれないことを指導者のせいにしたり、あるいは環境が悪いから、とか、練習時間が短いからとか、周りのせいにする選手がいるが、そんなことを考える暇があったら、どうやったら自分は強くなれるのか、どうやったら技術を向上できるのか、自分の感性を高めるにはどうしたらいいのか。身体能力をアップさせるにはどうしたらいいのか、などを考えたほうが有効だ。

すでにあるものを活用しないというのはマイナスだと思う。あの人に聞きに行けばコツなどがわかるという場合でも、聞きに行かない人が多くなった。コツは向こうからは来てくれないのだから、自分から足を運ぶということが大事である。そういう行動を起こすことが大切なのだ。その時、吸収するだけでは不十分で、それをアレンジしなければいけない。一度教わっても簡単には覚えられ

ないし、すぐに忘れてしまう。やはり繰り返さないと習得はできない。時間が短いところで覚えた気になっても実際は身につかないことがほとんどだ。自分のノートに書き記したうえで、繰り返し繰り返し練習し、技術評価点を作って、自分で成長をチェックしていくことが必要である。

ネットで情報を得ること自体は非常に有効である。ネットで収集したことを自分でまとめて、自分のノートに書き記すことで自分のものになっていく。トップ選手のプレーを見て自分に活かす場合も、ただ「すごいな」と見るだけでなく、この人はどうしてここでこう打ったのだろうとか、考えながら、それをノートに書き留めていく。その時、すぐにわからなくても、時が経って見直した時にひらめくこともある。

どの選手でも、数多くの敗戦を経験しているはずだ。その負けた時の悔しさがどのくらいかということも重要で、負けた試合だからこそ得るものは大きいのだ。

第6章

強いチームを作る

33 強いチームの作り方

卓球は個人競技だが、多くの場合、練習は部活動やクラブなどのチーム単位で行われる。その時、良いチームで練習しているのか、ダメなチームで練習しているのかは選手の成長度合いにも大きな影響を与えることになる。つまり、良い組織を作ることは、指導者や選手たちに課せられた義務なのだ。卓球の技術・戦術を教えることと同時に、どうすればチームが良くなるのか、常に考えていなければいけない。

良いチーム作りのために重要なこと

まず、私が良いチームを作るために大事だと思っているポイントを、以下に列挙していこう。

第一には、選手に意欲を持たせ、その意欲を高めながら日々の練習に取り組ませること。どんなに良い組織の形を作っても、その中にいる人間にやる気がなければ意味はない。指導者は、常に選手のやる気が出るような言葉をかけたり、チーム内の競争システムを作ったりすることが重要だ。

次に、選手たちの行動をチェックすること。やる気満々で取り組んでいても、その努力の方向性が間違っていると、成果は上がらない。選手個々の目標や発達段階に合わせて、「今、君がやるべきことはこうだよね」といった形で指導を入れ、何をやっているのかわからないような選手をなくしていく。

続いて、試合結果を見て練習計画を調整していくこと。特に、悪い結果が出た時には、技術や体力、メンタルを、どのように、どの時期までに、どの程度向上させなければいけないかということを、できるだけ具体的に示していかなければいけない。これは、チーム全体と選手個々の、両面で調整を行っていくことが必要だ。

そして、指導者たるものチームのビジョンや理念といった、大きな思想を持ち合わせていなければいけない。これは、チームのレベルによっても変わる部分だ。たとえば、高校であればインターハイの上位校と、インターハイに出られるかどうかの学校、インターハイに全く出たことのない学校のそれぞれで、このチームはこう運営するべき、という指針が違ってくる。それを明確な言葉で、選手に伝えて理解させる。

それから、適材適所に人材を配置すること。人にはそれぞれ、性格や適性があるので、キャプテンとして部員をまとめるのが得意なタイプ、エースとして競技に専念させたほうがいいタイプ、縁の下の力持ちとしてマネージメント能力を発揮するタイプ……など、指導者が選手たちをよく観察して、それぞれが最も輝く役職を与えることだ。

また、組織は硬直化すると良くないので、状況に応じて臨機応変に、やり方を変えていく柔軟性を持たせなければいけない。一度決めたやり方にこだわりすぎて、うまくいかないことをずっと継続してしまうと、チームの成長は止まってしまう。そのような時は、指導者から問題提起をして選手たちに解決策を考えさせる。ここでは、指導者が答えまで用意してしまうと選手たちが自発的に考えなくなるので、あくまでヒントを与える程度にしておくのが良い。

そのようなことを繰り返しながら、最終的な目標としては、チームの「伝統」を作っていくことだ。我々はこういう集団ですよ、というコンセプトが伝統的にしっかりしていれば、新しい選手が入ってきた時に教育しやすいし、対外的にも、「あそこのチームはしっかりしている」「あそこと当たったら厳しい」というプレッシャーを与えることができる。時間はかかるが、チームを率《ひき》いる指導者にはそこまで考えてやっていくことが求められる。

イレギュラーを切り捨てずに育てる

チーム運営の重要なポイントのひとつに、レギュラーとイレギュラー（レギュラー外の選手）をどう扱うか、というテーマがある。基本的には、競技として勝つためにやるわけだから、競争に勝ち抜いた強い選手がレギュラーとして優遇されるのは、当然である。

レギュラーとイレギュラーの間の絆が、チーム戦では大きな力を発揮する
（写真は、2019年全日本大学〈インカレ〉・女子団体優勝の愛知工業大）

しかし、レギュラーはレギュラー同士で、イレギュラーはイレギュラー同士で、という形だけで練習するのは、実はチームのためにならない。時には、強い選手と弱い選手を組み合わせて練習をさせることが必要だ。それには、次のような意味がある。

まず、強い選手と練習を行うと、弱い選手の実力が引き上げられる。強い選手の強化ばかりを行うと、その選手たちが卒業や引退などでチームを離れたあと、戦力がガクッと落ちることになるが、強い選手に弱い選手を鍛えてもらっておけば、世代交代の後でも戦力が大きく落ちずに済む。つまり、チームのレベルを継続的に維持するための手段として有効なのだ。

一方、強い選手の側には、自分の持っている才能や能力を、他人やチームのために使ってあげるんだ、という考え方が必要になる。エース級の選手は時として、自分が強くなりたくてやっているのに、なぜ人の面倒《めんどう》まで見ないといけないのか、という独《ひと》りよがりな考えを持ってしまうことがあるが、それではいけない。

組織に所属して活動している以上、レギュラーでもイレギュラーでも選手は皆、自分がお世話になっているチームに貢献したい、という思いを持つべきである。そして、その貢献には、試合に勝つことだけでなく、チームにいる仲間を大切にすることも含まれる。

レギュラーがイレギュラーの面倒を見れば、イレギュラーには感謝の気持ちが芽生え、団体戦ではレギュラーの試合を本気で心から応援するようになる。それは、レギュラーが試合を行ううえで、非常に心強いサポートになるはずだ。そのような強い仲間意識で結ばれた集団を作ることが、チーム力の向上につながるのである。

指導者には、以上のようなことをうまく選手に説明し、納得させられる話術と情熱が必要だ。そのためには、ただ勝つだけでなく、強くて良いチームを作るんだ、という意識を持たなければいけない。

マネージャーの力でチーム力はアップする

そして、良いチームを継続していくためには、マネージメントが重要になる。チームが順調に成長しているかどうかを調べるために、選手個々の課題や目標に対して、どこまで到達しているかというチェックリストを作ったり、ターゲットとなるライバルチームの選手に対する情報の収集と分析をしたりする必要がある。また、練習日誌をしっかりつけておくことも大事だ。

ちなみに、こういった仕事を指導者ひとりでやるのはほぼ不可能である。では、どうすればいいかと言うと、マネージャーを置くのだ。専属でなくてもいいので、選手の中から、信頼のおける人間に白羽の矢を立てて、マネージメント係に指名する。その際、指名された選手は、戦力外通告を受けたような気持ちになり、少なからずショックを受けるので、マネージャーがどれだけチームの力になり、重要でやりがいのある仕事かを力説し、納得させたうえで就任してもらう。

私はかつて、近畿大学卓球部の監督を10年ほど務めていたが、その間のチームには優秀なマネージャーが3名ほどおり、彼らのおかげで好成績を上げることができていた。彼らは人間として非常に魅力的で、就職の際には一流企業から引っ張りだこであった。

私はかねがね、卓球の指導を行ううえで大事にしていることがある。それは、卓球を知らない人が私の指導した選手を見て、「卓球をすると、こんなに立派な人間になるんですね」と言ってくれるような人間を育てることだ。

競技成績を上げるのも指導者の仕事だが、良いチームを作り、良い人間を育成すること。それが、指導者の果たすべき責任ではないかと私は思っている。

34 練習試合の活用法

選手が実戦力を身につけるために最も効果的なのが、練習試合を行うことである。様々なタイプの相手と数多く対戦することで、それまで気づかなかった弱点がわかったり、得意な相手や苦手な相手が明らかになったりする。それは選手にとっても指導者にとっても、非常に貴重な財産となる。練習試合を通して得られる成果を、より確かなものにするための考え方とは何か。

戦い方を工夫させ情報を収集、分析する

練習試合は、本番の大会と違ってそこまで結果にこだわる必要がない。だから、選手たちには「ここはあくまで自分を試す場なんだ」と、しっかり言い聞かせておくべきだ。そこが、第一に重要なポイントと言える。

その中で対戦相手のレベルを見て、その選手が自分より格上なのか格下なのか、あるいは同格く

らいなのか、それによって試合のやり方を変えるように言っておく。相手が格上なら、精一杯戦ってどのくらいのポイントまで迫れるかチャレンジすると良い。同格なら、競り合いの中で自分のスタイルやプレーをどれだけキープできるかに集中する。

そして、格下の選手を相手にする場合は、自らに特定の課題を与える。たとえば、私はカットマンだったので、相手のレベルが自分より低い時には、フォア側だけに返球を集中させて相手のカット打ちを容易にし、半面対オールの形で試合を行う……といった形で、自らの技術と対応力をチェックしていた。

そのように、ただ単に勝ちを喜んだり、負けを悔しがったりするだけではなく、その試合を行った意義を感じられるようにすることが大事だ。そのうえで、どんな選手と対戦しても通用するプレーと、逆に通用しないプレーが出てくるので、それを選手、指導者ともしっかりチェックし、ノートなどにメモしていく。

また、練習試合に臨む心構えとして、相手チームに苦手なタイプの選手を見つけたら「ラッキー」と思って、積極的に試合を申し込んでいく姿勢が大切だ。中には負けるのを嫌がって苦手な相手を避けて回る選手もいるが、それではいつまでも苦手を克服できなくなるからダメだ。そのような選手には、「負けていいから自分の弱点と向き合ってこい」「苦手を克服《こくふく》してこい」と言って送り出すようにする。

また、指導者にとって練習試合の意義として大きいのが、その選手が外部の試合に強いタイプか弱いタイプかを見極めることができる、という点である。自分たちのチーム内で試合を行うと、相手の情報をもとにしっかりした戦い方ができるから強いが、外の試合で相手の事前情報がないとからっきしダメになる、あるいは、互いを知り尽くした部内戦では力を発揮できないのに、対外の初対戦では強い選手をバンバンやっつける……そのような特徴をしっかり把握《はあく》しておけば、団体戦の選手起用で間違いが起こりにくくなって良いのだ。

対外ならではの発見を大事にする姿勢を持つ

練習試合を行うと、自らのチーム内で練習や試合を行っているだけではわからない様々な「発見」がある。それらは選手、チーム、指導者にとって非常に貴重な財産となる。

たとえばサービスに自信を持っていて、チーム内ではサービスエースを量産できるタイプの選手が、練習試合ではサービスをうまく攻略されて勝てない、といったケース。ここでは、相手選手がどのようにサービスに対応しているかを観察することで、その選手のサービスをどう改良すべきか課題が見えてくるし、相手のレシーブテクニックを参考にすれば、自チームのほかの選手のレシーブ力を向上させるヒントにもなる。

指導者は選手の動きやプレーの気になる部分をつぶさに観察し、選手にそれを伝えていく作業が必要（写真はイメージ／2019年4月世界選手権日本代表の公開練習）

また、様々なタイプの相手と手合わせをしていくと、こういうタイプは戦いやすいが、こういうタイプは苦手だ、という得手不得手《えてふえて》がはっきりしてくる。その中から選手自らが課題を発見したり、指導者が修正ポイントを発見したりすることが重要だ。

それから、自分たちのチームでは見たことのないすぐれた技術や戦術を発見した時には、それを相手から教えてもらうと良い。見て学ぶだけでもいいが、実際に相手選手にどうやっているのかを直接聞くことで、より理解が深まる。逆に、相手から技術・戦術を教えてほしいと言われたら、惜しみなく教えてあげることだ。そのような情報交換を通じて、互いの戦力を上げていくことが練習試合の目的なのだ。

ありがちなのが、「手の内を見せたくない」という理由で練習試合を行わなかったり、技術・戦術を出し惜しみするケースだが、それは非常にもったいない。人に教えたところで自らの技術戦術が減るものではないし、逆に相手から教えてもらうことで引き出しを増やしていけるというメリットがある。そういったギブアンドテイクで双方の成長を図ることができれば、互いに良き友人にもなれるはずだ。

練習試合での指導者の役割は「見る」こと

指導者が練習試合の現場で最も大事にしなければいけないのは、選手をよく見ることだ。どういったプレーが有効で、どういったプレーが有効でないのか。どういう場面でミスをするのか。あんな難しいボールを打って入るのか……など、選手の動きを注意深く観察しながらチェックする。

それを、気づいたその場で、試合の記録を書き留めるノートなどに書き込んでいくと良い。選手は試合が終わってノートに記録を書きに来た時に、それを見て「ああ、監督はこんなところまで見てくれているのか」などと、うれしく思うはずである。

逆に、練習試合の現場で指導者同士が選手のプレーをろくに見ることもなく、長々と談笑している光景をしばしば見かけるが、あれはあまり感心しない。確かに指導者同士のコミュニケーションや情報交換も大事だが、それは選手がラケットを振っている最中にやる必要はなく、休憩時間や食事時間に行えばいい。

また、たくさんの選手が同時にあちこちで試合を行うような場合には、観覧席に上がって上階から全体を見るのがおすすめだ。複数の台が同時に視野に入るから、いろいろな選手の弱点や長所が一手《いって》に把握できる。観覧席のないワンフロアの会場で行う時には、一度に3人なら3人と観察する選手の人数を絞っておき、重点的にチェックする。1試合回ったら、次は別の3人……というように回していくと、全員に目が行き届くはずだ。

最後に、練習試合が終わると多くの場合、相手チームが指導者である自分のところへあいさつに来るが、その時に気が利いたことを言えるかどうかが、非常に大事だ。自チームの選手だけでなく、相手チームの選手もしっかり観察し、光るプレーをしていたり、最後まであきらめない姿勢を貫けていたり、フェアプレーが素晴らしかったりすれば、そのような点をほめる。

そういった指導者であれば、まわりのチームから尊敬を集められるし、あの指導者に教わっているチームなんだから手強《てごわ》いぞ、という印象を対外的に与えることもできる。ぜひ、そのレベルを目指してほしい。

35 情報収集の活用と、勝つための準備

現代のスポーツでは、データに基づいた対戦相手の分析が非常に重要である。事前にどれだけ質の高い情報を収集して、対策を立てておくか。勝負はそこから始まっている。とりわけ卓球の場合は、選手それぞれの特徴やプレーの傾向がバリエーションに富んでいるため、相手の卓球を「予習」しているかどうかで、戦いに臨む際の余裕がずいぶん違ってくるのだ。情報収集と分析に関わる話を中心に、大会に臨む際の準備の仕方を考えてみる。

録画した試合映像をどうチェックするか

今日では、ある一定レベル以上の選手やチームであれば、大会のベンチにビデオカメラを持ち込み、自らや対戦相手、ライバルのプレーを録画するのが常識となっている。ただ、録画した映像をどこまで有効に活用できているかという点については、疑問符がつく。そこで、私が考える情報分析のポイントを以下に挙げてみよう。

一番にチェックすべきなのは、サービスである。その選手独自のサービスモーションや回転の使い方、コースや長さの傾向、前半に使うサービスと後半の勝負どころで使うサービスの違い……などをつぶさに観察、記録する。

次が、レシーブ。攻撃的か慎重に入れてくるのか、フォアハンドとバックハンドのどちらを多用するのか、台上のテクニックにはどのような種類があるか、ロングサービスへの対応は得意かどうか、コースの狙いはどこが多いか……などをチェックする。

また、サービスから3球目、レシーブから4球目などのパターン化された得意プレーがあるのかどうかにも注目すべきだ。そして、ラリーになった場合のコース取りの傾向もしっかり調べておく。さらに、フォアハンドとバックハンドそれぞれについて、最大でどのくらい威力のあるボールを打てるのかという部分も把握しておく。

バックハンドを1本打った後の回り込み強打が速くて厳しいとか、対下回転のループドライブを絶対にミスしないとか、ナックルカットを低く送ってからの反撃がうまいなど、その選手の卓球の「柱」となっている部分に対する気づきも重要である。

逆に、その選手がミスしやすい技術や球種、コースなどをピックアップしていくことも大事だ。試合展開に関して、スタートダッシュを猛然とかけてくるタイプなのか、中盤から後半に粘って逆転が多い選手なのかという部分も頭に入れておきたい。

そして、テクニックだけでなくフィジカルや戦術、メンタルに関する部分にもチェックを入れる。たとえば、トレーニングをたくさん行っていて体格や筋力にすぐれているとか、打球動作やフットワークがものすごく俊敏《しゅんびん》であるとか。また、頭を使って非常に複雑で巧妙な戦術を駆使してくるとか、元気な声を出して絶対あきらめずに向かってくる、団体戦に強いタイプなのか個人戦に強いタイプか……などである。

データを活用し、試合をシミュレーションする

選手は練習に忙しいので、そういった映像分析は主に監督・コーチの仕事となる。時には同じ映像を何度も繰り返し見て、事細かにチェックポイントをあぶりだしていくことも必要だ。たとえば、好きな映画を何度も繰り返し観ているうち、最初は注目もしていなかった主人公のネクタイの色にまで気がつく……というように、試合の映像も繰り返し見ていると新しい発見があるものである。

特に、選手が負けている試合のビデオは、何度も詳細に見て問題点をたくさん挙げておくといい。次に同じ相手と当たった場合、どこをどう修正してどう戦えばその選手を打ち負かすことができるのか。そうやって、勝てなかった選手に勝てるようにさせるという作業を積み上げていくことが、選手の成長になっていくのだ。

今や大抵の選手やコーチがビデオカメラ類を持ち込んで撮影しているが、大事なのは「撮っただけ」にならず、そのデータを分析して有効に活用することだ（写真はイメージ）

また、対戦相手のデータがあれば戦いは断然有利になる。極端な話、この選手は競った場面ではフォア前にしかサービスを出さない、ということがわかっていれば、そこで待ち構えて最高のレシーブをするということが可能だ。

そして、指導者はデータを活用して、実際の試合のシミュレーションを何度も行うことが重要だ。

私はかつて世界選手権で全日本監督をした際、コーチ陣にお願いして書いてもらった対戦相手の分析用紙を基《もと》に、日本のこの選手と相手チームのこの選手が対戦したらこういう流れでこうなって……という仮想試合を頭の中で何度も繰り返し行い、それを紙に書き出して宿舎の部屋中にバーッと無数に貼りつけていた。それを見ながら、幾度も考えを修正したり付け加えたりしていく……という作業を、それこそ寝る間もなく行ったものだ。

ただ、それを全部選手に伝えることは不可能だし、与えられた情報量が多すぎると選手はかえって混乱する。要点をまとめ、この情報があれば勝負どころの1点、2点につながるという核心的なポイントを伝達できるか。そこは、指導者の腕にかかっていると言えよう。

体力面やメンタル面を充実させることが重要

大会前の準備という意味では、相手の情報収集も大事だが、同時に自分たちの状態を万全にしておくことが重要である。その第一としては、十分な体力トレーニングを積ませておくことが求められる。

ひとつは、走り込み。大会の1カ月前くらいまでは、長い距離の持久走をみっちり行わせておき、試合が近づいたら短距離のダッシュに切り替えていく。高校生以上の年代であれば、ウエイトトレーニングも欠かせない。これも、種目を様々に変えながら試合の1カ月くらい前までは毎日取り組ませ、そこから試合直前では週に2回くらいのペースに落としていくといい。

また、シャドープレー（素振り）も大切なトレーニングだ。選手それぞれのプレースタイルに合わせて、ボールを使わずにいろいろな打法を組み合わせたシャドープレーのメニューを考え、たくさん行わせておく。さらには、卓球の動きの基礎であるサイドステップのトレーニングも毎日入れておきたい。これは、学校の体力テストなどで行われる反復横跳びを全速力で行うという単純なもので構わない。

そのようにして、スタミナや筋力、敏捷《びんしょう》性といった基本的な運動能力を上げた状態で大会に臨むという準備は、絶対に怠ってはいけない。

また、チームの場合には、選手全員の闘争心と結束力を高めることが大会前の準備として不可欠である。大会に向かっていくモチベーションが選手によってバラバラというのではダメだ。全員が一丸となって、チームの目標達成を目指していくように仕向けなければいけない。

その際、私は「やる気」「根気」「負けん気」というキーワードをよく使っている。やってやるぞ、という気持ち。途中で投げ出したりあきらめたりしない粘り。どんなに強い相手にもひるまず挑む精神力――そういったメンタルの部分を充実させることは、何よりも大事な準備と言えるだろう。

36 指導者の「反省力」とは何か

試合の勝敗にかかわらず、選手が戦い終わったあと、指導者が一緒に反省をして、それを次のステップへのきっかけとしていくことは、非常に大切なプロセスだ。しかし、その方法が間違っていると、かえって選手やチームの士気《しき》を下げてしまうこともある。負けた試合をバネにし、勝った試合の中からも問題点をピックアップし、いかにして選手を伸ばしていけるか――指導者の反省力は、非常に重要である。

ノートに課題を書かせ、成長度をチェックする

大会や練習試合などで負けた直後に、反省会を行うチームは多いが、私はあまりおすすめしない。そのような反省会では、たいてい自分たちのダメだったところばかりを指導者が指摘し、ネガティブトーキングのような状態になってしまう。それでは、選手たちのモチベーションを下げることになる。

そうならないために、試合が終わったあと指導者が一番にやらなければいけないのは、選手を慰労することだ。勝っても負けても、まずは「よくやった、ご苦労さん」と、選手の頑張りに対してねぎらいの言葉をかける。負けて落ち込んでいるような選手は、それで多少は救われるはずだ。

大事なのは、試合後にしばらく経ってから、問題点を選手それぞれの卓球ノートにしっかり記録させて整理し、以降の練習にフィードバックしていくことである。

技術面、心理面、体力面、戦術面のそれぞれで、良かった点と悪かった点を書き出させる。そして、それらをどう伸ばしたり、改善したりするのかも書かせる。これは、ダラダラした文章にするより、表やグラフにすると視覚的にわかりやすくて良い。おすすめなのは、メジャーリーガーの大谷翔平選手が高校1年生時に活用していたという、9つのマス目をベースにした目標シートだ（「マンダラート」でインターネット検索すればたくさんヒットする）。

そういったものを選手に書かせて、指導者がチェックする。OKであれば、それをもとに練習やトレーニングを行っていけば良い。その中でクリアできた課題については線を引っ張って消していく。

そのような目標、課題設定とチェックは3カ月ごとに更新していくと良い。3カ月のうちに課題を消化していくことを目指して、達成できたものは違う課題にチェンジ、残ったものは継続課題とする。そして、また3カ月間でのクリアを目指す。それを通年行っていくのだが、指導者はそれを選手任せにせず、こまめに見直しと修正を加えていくことが重要である。

そのようにして、指導者は選手がどのくらい伸びたかという「成長度」を見ていく。ひとつの試合の反省であっても、その場限りの瞬間的なもので終わらせるのではなく、長期の強化計画にどう落とし込んでいくかが反省のポイントなのだ。

選手に課題を考えさせ、ハードな練習を課す

反省とは、基本的には選手たち本人に行わせる作業である。指導者があれこれ指図《さしず》したり与えたりし過ぎると、自分で考えたり、アクションを起こす力が身につかなくなってしまう。中には、反発したり、疑いの目を向けてくる選手もいるので、あまり指導者が上から押さえつけないことだ。

チームであれば、選手たちだけでのミーティングを開かせるといい。特に、負けた試合のあとでは、敗戦の悔しさや責任を自分たちで共有させ、それをどう跳ね返していくのかを考えさせる。勝負強さが足りなかったのか、実力が足りなかったのか。それらは、どういう練習をすれば強化できるのか――そのようなことを自分たちで考えて話し合っていけば、チームとしての結束力も自ずと高まっていくだろう。

勝った試合のあとでも、反省のミーティングは必要である。この大会や対戦相手のレベルであれ

試合後の反省は、第一に選手の慰労。それから、問題点や改善計画を選手たち自身に考えさせて、チェックしていくのが道筋だ（写真はイメージ／18年インターハイより）

ば今の自分たちでも勝てたけれど、もっとレベルの高い相手に勝つためにはどうすればいいか——という視点で話し合いをさせるのだ。

そうやって選手たちが問題点や課題をあぶり出したものを、指導者がアレンジして具体的な練習やトレーニングのメニューにしていく。これは、結構ハードなものにして構わない。へこたれるような選手に対しては、「君たちが自ら決めた課題をクリアするためなんだから、このくらいしないとダメだよ」と言えば、納得して取り組むはずだ。

そして、そのようなハードな練習を課すうえで忘れてはならないのが、卓球を楽しませること。卓球が苦しいと思っているような状態では、長い期間、ハードな練習を継続することなど到底できない。

ニコニコと笑顔を作り、「練習楽しいな」「みんな卓球大好きだな」など、柔らかい物腰とやさしい言葉で発破《はっぱ》をかけながら、内容的には非常に厳しいものにチャレンジさせていく。技術や体は追い込んでいくが、心は必要以上に追い込まない。それが、選手たちに反省を踏《ふ》まえた努力を継続させるためのコツである。

卓球だけの指導でなく、感性を重視して育てる

試合に負けると、帰ってまたすぐ練習だ、猛《もう》特訓しなければ勝てるようにならないぞ、という方向ばかりで選手を「卓球漬《づ》け」にしてしまう指導者は少なくないが、それはあまり良いやり方とは言えない。

特に、全国大会などで地元を離れて遠征《えんせい》に出かけた場合には、試合が終わったあと、その土地の名所旧跡《めいしょきゅうせき》を訪れることを私はおすすめしたい。すばらしい景観を眺《なが》めて感動したり、歴史や文化に触《ふ》れて知的好奇心を刺激する……そういった体験を通して、選手の感性を豊かにしていくという観点が、指導者には必要だ。

とかく最近の卓球界、スポーツ界では結果だけを性急に求める指導者が多く、余裕が感じられない。選手は、競技者である前にひとりの人間である。卓球選手として成功させることのみに傾倒《けいとう》すると、人間としての成長を窮屈《きゅうくつ》にさせてしまうことがあるから、そこは重々《じゅうじゅう》気をつけなければいけ

ない。

また、別世界を体験することが選手としての殻《から》を破ることにつながる、という側面もある。かつて79年に世界チャンピオンになった小野誠治が、その後7年もの間、全日本選手権で優勝できずに苦しんだことがあった。その時、私と小野の共通の師匠であった熱海のオヤジこと樋口俊一氏（故人）が、「もう自分の指導だけでは小野を全日本チャンピオンにはできない。真冬の高野山《こうやさん》で修行させて来い」と私に言ってきた。

私は小野を高野山に連れていき、小野は気温がマイナス15度にもなる雪山を裸足《はだし》で歩くなどの修行をした。その年、小野は晴れて全日本チャンピオンになったのである。

小野が全日本で勝てた理由のすべてが高野山での修行であるとは言わないが、あの体験が彼の感性に大きな影響を与えたことは間違いない。このことから私は、卓球以外の世界で自分を変えるような鮮烈な体験をすることは、卓球選手としてのスケールアップにもつながる——と考えるようになった。

指導者は、選手を卓球だけの世界に閉じ込めていないか、反省・自戒《じかい》しながら、感性を重視した人間教育をしていくべきだと思う。

37 「根性論」をうまく使おう

かつては根性論《こんじょう》が当たり前のように叫《さけ》ばれていたが、近年になり、否定されることが多くなってきた。科学的根拠に基づいたトレーニングや戦術が大事なのであって、根性があれば勝てるわけではない。大切なのは合理的に訓練し、効率良く戦うことだ。

確かにそれは間違いではないが、では、根性は不要なのかと言えば、決してそうではない。卓球の勝負における根性論の必要性とその活用法について考えてみよう。

勝つための「ど根性」「勝負師」「男の意地」

私はかつて、現役選手時代に師事していた樋口俊一氏のもとへ練習に訪れた際、この3つを思い切り大声で叫べ、と言われて紙を渡された。そこに書いてあったのは、「ど根性」「おれは勝負師だ」「男の意地で勝つ」という文言だった（女性の場合は、おれを私に、男を女に置き換えて考えていただきたい）。私は気恥ずかしさもあり、最初のうちモゴモゴと言っていたら、なんだそれはと怒られ、紙を練習場の壁に貼られて、何回も言わされた。

まず最初に来るのが「ど根性」である。勝負の世界は、それがベースになければダメだ。そして、「おれは勝負師だ」というのは、勝つためにテクニックを使えということである。さらに「男の意地で勝つ」とは、最後まであきらめるなということである。この3つの言葉は、勝負のエッセンスを簡潔に言い表したものなのだ。

たとえば、対外試合で格上の選手と対戦するという場合、「どうだ、勝てるか」と聞いたら、「相手が強いので、もうダメです」と答える選手がいるが、そんなことでは話にならない。選手である以上、どんなに相手が強かろうと、相手が世界チャンピオンであったとしても、倒すつもりで向かっていく根性を持て――指導者は、そういう教育をしなければいけないし、その中で選手は成長していくのだ。

では、どうすれば根性が身につくのかと言えば、そこに明確な答えはない。ただ、卓球においては、一に練習量である。誰よりも長時間練習する。かつ、誰よりも高い集中力で練習する。そういう選手には、自然と根性がついてくるし、そういった姿勢はまわりの選手にも良い影響を与える。「あいつがあれだけ根性出してるんだから、自分も負けられない」というように、根性が伝染していくのが理想だ。

そして根性とは、人生全般において大切なものである。人間は生きていく中で様々な困難にぶつかるものだが、その時に根性がなかったら、それらを乗り越えていけない。卓球の勝負の中で、たとえ負けたとしても、最後の1本までへこたれないでベストを尽くして戦い抜く……そういった内面的な強さを作り上げ、辛抱強い人間になることが大事なのだ。

最近の若手を見ていると、せっかく高い技術を持っているのに、もう少しばかりの辛抱・我慢ができないために勝ちを逃《のが》す、というもったいない選手が多いように感じる。指導者は華々しいプレーだけでなく、そういった地味な根性を教え込むことも重要なのだ。

根性論を使ってほめて、選手に自信を持たせる

そのように根性は大切なものなのだが、指導者は選手に根性を説く際、その言葉を使うタイミングを間違えないようにしなければいけない。一番ダメなのは、選手が負けて落ち込んでガクッときているタイミングで、「お前は根性が足りないから負けるんだ」と言ってしまうことである。

そのタイミングで根性と言われて、「わかりました。ぼく根性出します」などと思える選手はまずいない。「ああ、自分には根性がないんだ。ダメなんだ」と、落ち込みの度合いをひどくしてしまうだけだ。

逆に良いのは、ふだんは弱気でおとなしい選手が奮起して、苦しい場面ですばらしいボールを打っ

小柄ながら驚異的なフットワークで必死にボールに食らいつき、見る者の心を熱くさせてくれるプレーヤー、森薗政崇（BOBSON／写真手前）。まさに「根性の人」である

た時などに、「お前、すっごい根性あるじゃないか」という具合にほめてあげること。すると、その選手は「もしかしたら、自分には根性があるのかもしれない」という形で、自信を持つことができる。

そのように、同じ根性という言葉を使っている中でも、選手をダメにするマイナスの根性論と、選手を伸ばすプラスの根性論があるのだ。プラスの根性論とは、その選手がそれまでになかったようなプレーや行動をした時に、それをほめることである。

あきらめやすい選手が、めずらしく我慢強く戦った時。怒りっぽい選手が、いつになく冷静に戦った時。ビビりやすい選手が、緊張する場面で思い切り打てた時……そういう時に指導者が「良い根性してるな」と言ってあげれば、選手は根性という概念《がいねん》を肯定《こうてい》的にとらえ、前向きな気持ちになることができる。

そのように、指導者は選手が自分で気づいていないような長所、強くなるきっかけになるかもしれないワンプレーなどを指摘して、ほめてあげることが大事なのだ。根性論は、そのためのひとつのツールとして使えばいい。

ほかの人にないような才能を見つけた時、選手が非常に頭を使って考えるプレーをしていた時、強い選手が弱い選手の手助けをしてあげていた時など、ここぞというタイミングで指導者は選手をほめるべきだ。そこに、根性という言葉をさりげなく添えると、選手は「ああ、これが根性なのか。悪くないな」と思うことができるだろう。

選手をつぶさに観察し、肯定的に根性論を使う

選手に対して根性論を説くためには、指導者は選手のことをつぶさに観察しておかないといけない。プレーだけでなく、ボールを拾う時のしぐさやプレーの合間の表情なども食い入るように見て、疲れたり故障していたりしないか、気持ちが落ちたり乱れたりしていないか、常時チェックするのだ。

私などは、選手のベンチコーチに入る際には、ビデオカメラの録画ボタンを押すことさえもしたくない。そうやっている間に選手の挙動を一瞬でも見逃すのが嫌なのだ。そのくらい必死に選手を

観察する姿勢があって初めて、指導者は根性論を説く権利を持つというくらいに考えておく必要があるのだ。

勝ったから根性がある、負けたやつは根性がない、などという結果論主義は論外である。中学、高校、大学などの大会では、選手が試合結果を監督のところへ報告に行って、3－0で勝ちましたとか、1－3で負けましたという形で報告する様子をよく見かけるが、ひどいケースでは、試合内容を見てもいないのに、負けたという結果を聞いただけの監督が、「お前は根性が足りない」などと説教を始めることがある。これは、根性論の悪用の極《きわ》みと言える事例だ。

時には、選手が相手の威圧的な態度に気おされて萎縮《いしゅく》し、元気なく負けて帰ってくることもあるだろうが、そこでも指導者は頭ごなしに「根性がない」などと言ってはいけない。むしろ、「お前は本当は根性があるんだけど、まだそれが育ってないだけなんだよ」という風に言ってあげて、将来的な成長に希望を持たせることが重要である。

選手を一生懸命観察し、良い結果の時も悪い結果の時も、根性という言葉を肯定的な意味合いで使うこと。それが、根性論の有効な活用法なのである。

38 マンツーマン指導の注意点

一対一の形のマンツーマンでのコーチングは、卓球の指導スタイルとして最も効果が高いのだが、やり方が間違っていると、選手を不幸にしてしまうこともあるので十分気をつけたい。選手の長所や弱点としっかり向き合い、綿密な計画を立て、メンタルコンディションを大事にし、強い責任感を持って成長をサポートする。そのようなコーチングができる指導者を目指していこう。

目標とカルテを作り、対外交流を積極的に

マンツーマン指導で選手を育てるにあたって、まず手始めに取り組むべきなのが目標設定である。短期目標・中期目標・長期目標の3つを掲《かか》げ、それぞれ綿密に計画を立てて達成を目指していく。

この作業は、選手と共同で行うことが大事だ。指導者が勝手に目標を決めて突っ走ると、選手の心と体がついてこられない場合がある。だから、選手にも自分で考えた目標を書かせるのだ。その

うえで、指導者が考える目標と選手が考える目標を照らし合わせ、うまくミックスして最終的な2人の目標とする。まずはそこがスタートとなる。

それから、指導者は選手の長所・短所をしっかり分析しなければいけない。おすすめなのは、「選手カルテ」を作成することだ。病院では、医師が患者一人ひとりに必ずカルテを作る。どこが悪くて、どういった治療が必要で、今までどんな薬を出していて……というデータがあるから、患者の状態がひと目でわかり、適切な医療行為を施《ほどこ》すことができるのだ。

だから、卓球選手についても、どこに長所があってどこに短所があるのか、どういったスタイルを目指すべきか、どのような練習を行えば改善できるか……などをデータ化したカルテを作ると良い。そして、日々の練習の中でそれを更新していき、常に最新の状態にしておくことが大事だ。

また、指導者は、自分の力量や知識の範囲だけで選手を教えようとしてはいけない。ひとりの人間のアイデアには限界がある、ということは重々、肝に銘じておく必要がある。

たとえば、練習試合や出稽古《でげいこ》などの機会に、他の指導者と情報交換やディスカッションを行う。インターネットの動画などで最新のテクニックや戦術を勉強する。卓球だけでなく様々な分野のリーダーが書いた本を読み、知識や考え方の幅を広げる……そのように、外部刺激を受けることに積極的な指導者を目指すことだ。くれぐれも、選手を密室に閉じ込めるような指導にならないよう気をつけてほしい。

技術的なことだけを考えても、卓球では、様々なプレースタイルやタイプの選手がおり、指導者とのマンツーマン練習だけでは、そういった多種多様なボールを経験することができない。そこで、外部の指導者やチームとのネットワークがあれば、「あそこのチームにお願いして、苦手なカット打ちの練習をさせてもらおう」とか「左利き対策が必要だから、あの選手がいる練習場に行ってみよう」というように行動ができ、選手にいろいろな経験をさせることができる。

ともかく、指導者も選手も広い世界でたくさんの経験を積む、積ませることが重要なのだ。

思いやりと愛情を注ぎ、豊かな人間を育てる

マンツーマン指導は、確かに効率の良いシステムではあるが、ややもすれば卓球だけを教え込むようなコーチングにつながりやすい。そうではなく、「人生すべて勉強である」ということを教える心構えが重要だ。

たとえば卓球以外の時間で、本を読みなさい、映画を見なさい、芸術を鑑賞しなさい……といったことをすすめる。試合や練習の遠征先では、その土地の文化や歴史に触れたり、雄大な自然景観を眺めに行ったりする。そのような中で得られる感動という無形の財産が、選手の血となり肉となるのだ。指導者は〝卓球マシン〟ではなく〝豊かな人間〟を育てるように心掛けなければいけない。

父・宇さん（写真奥）との二人三脚で成長した張本智和（木下グループ）。良質な卓球の指導のもとで才能を開花させた（写真は17年12月の世界選手権日本代表最終選考会）

また、指導者の放った何気ないひと言がグサッと心に刺さったり、理不尽な体罰を受けたりして、傷ついたりやる気をなくしたりする選手は非常に多い。だから、言葉の使い方や態度には細心の注意が必要だ。いつも、選手には思いやりと愛情を持って接しなければいけない。

とりわけマンツーマン体制だと、指導者が主で選手が従という上下関係が自然と作られ、上から目線の命令形による指導になってしまいがちだが、それは避けるべきだ。むしろ、家庭における親子や兄弟のように親しく、コミュニケーションをとれることが理想だ。

もちろん、必要な時には厳しくするべきだが、常に怖い存在でいる必要はない。何があっても、指導者は自分の味方・理解者でいてくれる、という感情を選手に持たせることが重要なのだ。そのためには、とにかくほめることである。

第一にほめ、続いて問題点や注意点を指摘し、それが少しでも改善できたらまたほめる。そのような「イエス・ノー・イエス」の順番による指導が大原則である。そういう指導を続けていれば、選手と指導者の間には必ず良い信頼関係ができる。そこを目指していくことだ。

それから、キッズ・ジュニア期の子どもを教える指導者にとっては当たり前の話だが、「子どもは意外と早く成長するもの」ということを念頭に置くことが大事だ。体格が大きくなっているのに、小さかった頃と同じ打法をずっと教え続けたり、頭脳やメンタルが成長しているのに、ずっと小さい子ども扱いをしていたり……そのような指導は、心技体のバランスを崩す原因にもなるので、選手の心身の成長・発達の段階には常に注意を払う必要がある。

親とのパイプ作りが選手育成に役立つ

指導者と選手は、できるなら四六時中一緒にいて、なるべく長い時間を共有したほうが指導効果が高まる。しかし、一般的なコーチや教員には、そこまで長い時間を確保するのは難しいのが通常だろう。

そこで大事になるのが、選手が生まれてから一番長い時間を共有してきている親（保護者）とのコミュニケーションである。たとえば、選手が不機嫌で練習に集中しないという場合。親に聞いてみたら、家で兄弟げんかをしていたのが原因だった、などとわかるものだが、そのような交流がないと原因不明で適切な指導ができなかったりする。

だから、指導者は選手本人だけでなく、親とのパイプ作りを重視する必要があるのだ。生まれてから今までどんな環境で育ってきたか。性格面でどんな特長や難点があるか。どういったことが好きで、どういった時に機嫌を損ねやすいか……など、親は情報の宝庫である。

親が現場に出てくるのを、過保護だ過干渉《かかんしょう》だと言って嫌がる指導者も多いが、「もっと子どもをかわいがってあげてください。溺愛《できあい》してもらって結構です」というのが、私の考えだ。そのうえで、選手本人には別のところで、「もっと自立しような。いつまでも親に頼っていたらダメだよ」と、言っておく。そうすることで、自立心を持ちながらも親の愛情を背中に感じることができ、選手のメンタル面は非常にしっかりしてくるのだ。

マンツーマンのように逃げ場のない指導体制であればあるほど、指導者と親、親と選手の関係を良好にしておくことが望ましい。それが、日々発生する問題を解決する糸口や、選手が大きく伸びるための原動力となるのだ。

39 部員が多い場合の練習方法

基本的に、卓球は1台に2人がついて練習を行うのが理想的な形なのだが、チームによっては人数が多すぎて台が足りない、という状況がままある。そのようなチームでは、満足な練習ができずに強くなれないケースも多いが、工夫をすれば、環境の良いチームにも負けないほど質の高い練習を行うことが可能だ。

多球練習と素振りを軸に、練習を組み立てる

部員数が多いチームにとっては、やはり多球練習をたくさん行うのが最も効率的なやり方である。その中でも重要なのが、球出しだ。特に、初級者の多い中学校の部活などでは、いざ多球練習を行おうと思っても、球出しが上手な部員が少ないという問題がある。

だから、指導者にとって一番大事な仕事は、球出しのやり方を部員全員にレクチャーすることだ。

卓球を始めたばかりでラリーや実戦練習ができない部員であっても、単純な球出しなら少し練習すればできるようになる。球出しを行うことによって、ボールの飛距離を調節する能力や、回転をかける感覚なども身につくため、とにかく全員ができるようにしておく。

そのうえで、球出し係と練習者をどんどん交替させながら練習を回していく。球出し係1人につき5～6名程度を輪番で練習させ、内容はフットワークを中心にする。順番待ちの者には、ただ黙って立って待つのではなく、自分の番が来るまでずっとシャドープレーをしておくように指示する。そうすると、球出し係以外は休みなく動き続ける形になり、体力練習にもなって良いのだ。

また、やみくもにボールを打たせるだけでは技術が雑になるので、時にはボールがどのくらいの確率で入っているかを確認する練習もする。順番待ちの者に球出しの数と入ったボールの数をカウントさせ、成功確率が8割を超えていなければもう一度やり直し……というようなルールを作って取り組ませると良い。

それでもなおかつ、卓球台について練習できない部員がいる場合には、素振りをさせる。近年は、素振り練習に真剣に取り組む選手が少なくなっているが、やり方を工夫して行えばかなり良い練習になる。

素振りは、体の部位別で行わせると良い。手首から先だけのスイングに始まり、ひじから先、肩から先の腕全体、肩甲骨と上半身全体、下半身の体重移動も駆使して全身でフルスイング……というように、小さい動作から段階的に大きい動作に移行していく。

スイング方向も、後ろから前、下から上、斜め……というように変えていき、技術的にもドライブ系、カット系、フォアハンド、バックハンド……と行っていくと、素振りだけでもかなりボリュームのある練習となる。さらには、サービス・レシーブ・台上などから切り替えやフットワークを入れたシャドープレーを行い、実戦さながらの動きを作っていけば、実際にボールを打たなくても効果の高い練習ができるのだ。

そして、私が一番おすすめしたいのは、フォアハンドとバックハンドのスマッシュを全力で連続フルスイングする素振りだ。1、2……と発声しながら、1秒間にフォア・バックを連続でビュンビュンと振る。発声は50まで続けて、1分弱の間に計100スイングを行う。体力強化、スイングスピードの増強にかなりの効果があるので、ぜひ取り組ませてみてほしい。

グループ別や課題別のローテーション練習

大人数のチームでは、全体の部員をグループ分けして練習に取り組ませる方法も有効だ。これは、時間を区切って、グループ分けの仕方を変えながら練習していくと良い。

たとえば、実力順で分け、1台目には一番強いグループ、2台目は中間層、3台目は一番弱いグルー

全国には大人数でも工夫を施し、強豪チームを作っている指導者が少なからず存在する（写真はイメージ／千葉県・高津中学校）

プ……というようにして、それぞれレベルの違う課題に取り組ませる時間を作る。また、戦型別にドライブ型、異質攻撃型、カット型などのグループに分け、それぞれのスタイル特有の課題に取り組ませる時間を作る。さらに、レベルや戦型が混在した形のランダムなグループで練習する時間も設ける。

そうすることで、選手は「今はこのグループだから、こういう部分を頑張ろう」という明確な課題意識を持つことができ、練習効果が高まる。また、レベルや戦型が同じような選手が集まって練習する時には、順番待ちの間に互いのプレーについて意見を交換し合えば、技術や戦術の理解度も深まって良い。

また、卓球台ごとに練習内容を決めておき、選手はそれぞれの台を順番に回って練習していく、というやり方もおすすめだ。たとえば、1台目では多球練習、2台目ではラリー練習、3台目ではサービスレシーブからの実戦練習……というようにしておき、選手は各台に分かれてプレー。ある程度の時間が来たら、台を移って違う課題に取り組むというローテーションの形で練習する。台につかず、筋トレやランニングを行うグループもあると良い。

これは、高校野球の強豪チームが行う甲子園練習が良い参考になる。30分など、限られた時間の中で、ノックやキャッチボール、ピッチング、バッティング、走塁《そうるい》などを行うのだが、強いチームの練習は次から次にメニューを変えながら流れるように行われ、全く時間的な無駄《むだ》がないし、遊んでいる人間がいない。大人数の卓球チームでも、そういったメニューチェンジの早さ、効率的な時間と人の使い方ができることが理想だ。

たとえば、外部から練習を見学に来た人がいたとして、その人から「ここのチームの練習はすごい。とても参考になります」と、言ってもらえるかどうか。指導者には、そのような視点でチーム全体のマネージメントを行う意識が必要なのだ。

大人数チームの利点は、チームワークにあり

人数が多くて、卓球台からあぶれた部員がやることとして、トレーニングや素振りのほかに、練

習日誌への記述がある。チームの練習日誌を1冊用意しておいて、手の空いている部員に、練習の中で気づいたことを書かせるようにするのだ。

内容は、誰か特定の選手のプレーや態度についての気づきや、練習場全体の雰囲気に対する意見、もっとこういったメニューの練習をしたいという要望など、自由記述にする。1日の練習が終わったら、それをキャプテンに持ち帰らせてチェックさせる。指導者も時折見せてもらうようにするが、基本的にはキャプテンに任せる。

そのようなことを日々繰り返しながら、定期的にミーティングを行わせる。練習日誌には様々な部員が書いたチームの問題点が記されているから、議題には事欠かないはずだ。そして、ミーティングではキャプテンや強い選手だけが意見を言うのではなく、弱い部員や下級生なども含め、全員に何かしらの話をさせるようにする。

そうやって、部員全員で方向性や練習方法を話し合っているチームでは、間違いなく良い雰囲気が作られる。そのようなチームワークを日頃から育んでいけば、いざ本番の試合でも、すばらしいプレーや応援ができるはずだ。

卓球は個人競技だが、チームで活動する場合は、組織の力が最大限に発揮されるような努力が必要である。指導者には、その礎《いしずえ》となる選手間のコミュニケーションが密《みつ》に行われるよう、リードする役割が求められるのだ。

第7章

伸び悩む選手がやるべきこと

40 モチベーションを高め、一気に強くなる

選手が練習、試合に向かううえで非常に重要な、モチベーション（やる気）の高め方について考えてみよう。とりわけ、モチベーションが低下している時にどう接するかは、その選手が順調に成長できるかどうかに大きく関わるため、注意が必要なポイントであり、指導者としての腕の見せどころでもあり、選手自身が気をつけなければいけない部分だ。

モチベーション復活のカギは、行動と集中

選手のモチベーションがもっとも下がるのは、試合の結果が出ない時である。勝てないと、選手は試合について反省する。なぜあんな試合になってしまったのか。どうすれば勝てたのだろうか。そのように、頭の中で考える選手が多いのだが、それではモチベーションはなかなか高まらない。低下したモチベーションを復活させる最良の方法は、とにかく「行動」すること。あれこれ考える

のではなく、誰かのところへ相談に行ったり、違う競技を観戦して新しいアイデアを仕入れたり、今までやっていなかった練習をやってみたりする。すると、外部からの刺激によって、選手の心の中で何らかのスイッチが切り替わり、それがモチベーション上昇のきっかけになるのだ。

経験のある選手であれば、頭の中で反省したことを次のステップに生かし、すぐにモチベーションを再燃させることもできるが、キャリアの浅い選手の場合は、何をすれば気持ちを浮上させられるのかわからずに、何の行動も起こせなくなる。そのような時に、選手をうまくリードしてあげるのが、指導者の役目だ。とりわけ、敗戦後に肩を落としている選手に対して効果的なのが、「たかが1試合じゃないか」という形でのアドバイスだ。ある程度がっかりするのは仕方ないが、長い卓球人生をトータルで考えれば、たかが1回負けたくらいでいつまでも落ち込んでいるのは、あまり意味がないし、時間がもったいない。

まじめな選手は特に、一生懸命練習したのに勝てないと「自分には才能がないのではないか」とか、「練習してもまた勝てなかったらどうしよう」などと考え、不安にとらわれやすいのだが、それを打ち消すには、とにかく集中力を高めて練習することだ。

余計なことを何も考えず、最高に集中して練習に没頭《ぼっとう》すれば、不安などいつの間にか消えていくし、モチベーションも自然と高まっていく。指導者は、選手が夢中になれるようなメニューを用意して、そのような練習に付き合ってあげることだ。

ネガティブを忘れさせ、強気で攻めさせる

選手のモチベーションは1試合の中でも大きく変化する。特に、相手からものすごいボールを打たれて失点した時や自分がチャンスボールを打ちミスして失点した時には、ガクッとモチベーションが落ちてパフォーマンスも低下し、そのまま離されて負けてしまうことがよくある。

ベンチコーチに入っている指導者の中には、そういった流れを変えるきっかけになった1本について、「あんなボールを打たせてはダメだ」とか、「あそこでチャンスボールをはずすからだ」というように強く指摘する人がいるが、それはやってはいけないアドバイスである。

むしろ痛恨の1本こそ、「長い試合の中のたかが1本だから気にするな」と言ってあげて、全く違う視点で戦術、技術のアドバイスをし、ショックを忘れさせることが大事だ。そうすれば、選手のモチベーションは回復していく。

勝負の世界では、試合中にネガティブな感情を持ったほうが負けだ。相手にすばらしいプレーをされても、「まぐれに決まっている」というくらいに思って、平然としていられる。自分がとんでもないミスをしても、「次は必ず入る」という風に思って、強気を崩さない――そのような鋼のメンタルを持てるように、指導者は常にポジティブな言葉を選手にかけ続けることが重要である。

私は以前から、「迷うこと・疑うこと・驚くこと・恐れること」の4つのうち、ひとつでも頭の中

欧米のスポーツ指導者は「Yes・No・Yes」の順番で教えるため、選手のモチベーションが上がりやすい（写真はドイツ監督のロスコフ（右）とシュテガー／16年リオ五輪）

に浮かんで来たら負けだぞ、ということをいろいろな選手に説いてきた。自分の作戦・戦術を迷ったり、自分の技術を疑ったり、相手のファインプレーに驚いたり、相手のテクニックやボールの威力を恐れたりすると、その時点から気持ちが後ろ向きになり、相手に向かって行くモチベーションがわいてこなくなるからだ。

しかし、これを逆手《さかて》にとれば、非常に前向きな気持ちになれる。すなわち、相手を「迷わせて・疑わせて・驚かせて・恐れさせる」ことができれば、勝利に近づけるぞ、と思ってプレーしていくのだ。

それを実現するためには、相手に対して、常に強気で攻めていく姿勢が必要である。ものすごい威力のボールを打つとか、信じられないようなコースにカウンターを決めるとか、回転の変化が全然わからないようなサービスを出すなど、相手の印象に強く残るようなポイントを1点でも多く奪っていく。そういうプレーをするんだぞ、と言い聞かせれば、選手のモチベーションは断然上がっていくはずだ。

ほめて、得意なことをたくさん練習させる

練習における選手のモチベーションを上げるためには、指導者はまず、課題のレベルに配慮する必要がある。選手の発達段階に応じて、テクニック的にやさしいものから提供し、だんだん難しくしていくのが基本だ。指導者がいない場合は、選手同士が自ら取り組む必要がある。

未熟な選手に少し難しいテクニックをトライさせると、うまくできないことも出てくるが、そうした時は、ひたすらできないことをやらせるのではなく、また少し課題のレベルを落として成功させ、自信を持たせてから再挑戦させる。

その中で、選手ができたことに対しては、大げさにでもほめることだ。注意するところがあれば、ほめた後に指摘する。そして、成功したら再度ほめる。つまり、「イエス・ノー・イエス」の順番だ。これは、欧米のスポーツ指導者が大事にしている考え方である。

日本の指導者は、選手に対して否定形で入ることが多く、ひどいケースでは「ノー・ノー・ノー」になってしまう人もいる。失敗して落ち込んでいるところに、指導者からさらに怒られる――それ

では、選手のモチベーションは上がらない。いかに問題点が気になっても、指導の基本はほめることだと、肝に銘じておくべきだ。

また、試合前日の練習や当日の会場練習などでは、決して難しいことや成功率の低いことはさせず、選手が一番自信を持って、気持ち良くできる練習をさせることが重要だ。不安な部分を解消しようと思って苦手なことをやろうとする選手も少なくないが、それではネガティブな気持ちばかりが増幅され、試合本番のコートに自信満々で立つことができなくなってしまう。

そもそも、試合直前のちょっとした練習程度で、それまでできなかったことができるようになるはずがない。未完成な部分には目をつぶり、できること、得意なことに絞った練習をして試合に臨む。指導者はそれを徹底させ、モチベーションが最高に上昇した状態の選手を、試合に送り出すことを目標にするべきだ。

41 結果が出ない状況から抜け出す方法

選手にとっても指導者にとっても、良い練習をしているつもりなのに結果が出ない、という状態は非常につらいものだ。

選手は自分の才能や可能性を疑い、指導者も自らの指導法に行き詰まってしまうことがある。

壁にぶち当たったり結果が出ない状態を脱却するために、選手や指導者は何をすべきなのか。

練習のやり方を変え、卓球を根本から見直す

教えている選手の結果が出ない時に、それまでやってきた指導や練習のやり方を変えず、ただ練習量や時間を増やすだけの指導者は少なくない。「もう一度やり直しだ」と言って、繰り返し同じことをさせる……それはただの時間の浪費《ろうひ》でしかなく、結果が出るわけがない。

すなわち結果が出ない時に一番大事なのは、変化である。まず、その選手がどう変われば結果が

出るのかという基本方針を考える。その中でテクニック、メンタル、フィジカルのそれぞれにおいて、どのような能力が不足していて練習メニューをどう変えていけば改善されるのかを具体的にシミュレーションし、練習方法をイチから練り直す。そうやってでき上がった新メニューを選手に提示し、互いによく話し合ったうえで、努力の方向性を固めていく。そうしたプロセスが重要だ。

練習内容がマンネリ化すると、指導者は選手に対して同じような弱点を何度も指摘することになり、選手のモチベーションを落としてしまう。だから、変化を恐れず新しいことにどんどんチャレンジしていく姿勢が必要なのだ。

そうやって新しいメニューを選手に与えて練習させると、試合のやり方も変わり、内容に変化が生まれてくる。その時に指導者は、選手が自信たっぷりにプレーしているのか、不安そうにプレーしているのかをよく見ておく必要がある。

不安げに戦っている場合は、もう一度メニューを再考する。自信満々に戦っている場合は、さらにステップアップメニューを与える。そうやって、小さな変化から大きな変化へ徐々に段階を進めていくことが重要だ。

また、結果が出ない時には選手の卓球を根本から作り直すことも有効な場合がある。その際、もっとも手っ取り早いのが用具の再考だ。その選手が目指すべきプレースタイルにベストマッチした用具を考えて与え、そこから卓球を再構築していく。特に、近年の用具面の進化には目覚ましいものがあるので、指導者はラケットやラバーに関する情報や知識を常に更新しておく必要がある。

そして、基礎的な打法の改良に取り組ませることも大事だ。フォアハンド、バックハンドの威力や精度を高めたり、コースやモーションのバリエーションを増やしたり、無駄をなくしたりする方向で技を極めさせる。そのようにプレーの柱となる技術をバージョンアップしていくことは、低迷期だからこそ重要なのである。

指導者が責任をとる姿勢を崩さないこと

結果が長く出ていない時や格下のチームに手痛い敗戦を喫《きっ》した時などには、周囲からの批判が指導者に向くことがしばしばある。場合によってはいわれなき中傷を受けたりするものだが、そうした時にも指導者はとにかく、責任は自分にあるという態度を一貫することが大切だ。

オーダーや選手起用でのミス、コンディション不良、メンタルの崩れなどにより、時として勝てるはずの試合を落とすことがあるのが勝負だ。そういう場合に敗戦の責任を選手に押しつけたり、言い訳をしたりすると、選手からの信頼を失ってしまう。そうなると、チームを立て直すことは非常に困難だ。

私はかつて大学の監督をしていた時、ずっと強くてレギュラーを張り続けていた4年生を使わず、

18年世界選手権団体戦で、6大会ぶりにメダルを逃した日本男子チーム。このような手痛い敗戦からどうやってチームを立ち直らせるか。指導者の手腕が問われるところだ

経験が不足していた下級生を試合に起用して負けたことがあった。その時、OBや関係者からいろいろな批判を浴びたが、私は甘んじてそれを受け、責任は自分にあると言い続けた。

すると、試合に出した下級生たちが発奮した。自分たちのことを考えてチャンスを与えてくれたのに、負けて監督に嫌な思いをさせてしまった。それなのに、監督は愚痴《ぐち》ひとつ言わない。ここは自分たちが頑張って、監督の名誉《めいよ》を回復させよう――彼らがそういう思いで努力して強くなってくれたおかげで、チームは長きにわたって強豪であり続けることができた。

そのように、指導者は目先の勝ち負けにこだわるだけでなく、良い意味でチームの伝統を作るという中・長期的視点を持つことが大事だ。その過程で負けることや批判されることがあっても、信

念を曲げず選手を信じてチーム作りを続ける。そうすれば選手の心が離れることはないし、復活のチャンスは必ず訪れる。

とにかくチームや選手というものは、右肩上がりでずっと成長を続けることなどめったにない。負ける時や伸び悩む時が出てくるが、その時々で原因をしっかり究明し、対策を打っておくことが重要だ。そうすれば、負け続けたり弱体化したりはしないはずである。

助け合う習慣を作るように仕向ける

結果を出せなくなった選手に対しては、あいつはもう伸びないとか、前のほうが強かったなど、外野からの心ない声が本人の耳に届くこともある。いくら精神的にタフな選手であっても、調子が悪い時に批判を受けるとダメージは大きい。

そうした時に頼りになるのは、仲間の存在だ。親身になって話を聞いてくれたり、慰《なぐさ》めたり励《はげ》ましたりしてくれる仲間がいれば、選手のメンタルは救われる。いざという時にそのようなチームワークが発揮されるためには、ふだんから選手間の関係性を良好にしておくことが大事だ。

練習中に仲間が良いボールを打った時、「今のボールいいね」「その打ち方いいんじゃないか」などと声をかける。逆にうまくいかない時には、「もっとこうしたほうがいいと思うよ」「やり方を変えてみたらどうかな」など、アドバイスをする。そのように仲間同士で高め合い、助け合う習慣をチームの中に作っていくよう、指導者が仕向けていくのだ。

直接言葉で言うときつくなる場合もあるだろうから、各自の卓球ノートに本人以外のチームメイトが見ていて気づいたことを書き込む、という形式で行ってもいい。卓球は個人競技で、場合によっては「ライバルの手助けをしたくない」という気持ちが芽生えてしまうこともあるが、チームとして練習し、チームとして戦うのであれば、仲間同士が互いに助け合うのが本来あるべき姿である。また、練習相手が強くなれば自分も強くなれる。「教え合い」を積極的に行うことは、チーム全体のレベルを引き上げることにつながるのだ。

結果が出ない時期も、仲間と一緒に楽しく努力を続けていれば、いつの間にか乗り越えられる。指導者は選手を直接教えるだけでなく、そのようなチームの雰囲気を作る手助けをすることも重要なのだ。

42 卓球を強くするフィジカルとは何か

卓球はテクニックと戦術が勝敗に直結するスポーツなので、体づくりは後回しにされがちだ。

しかし、戦いのレベルがトップに近づけば近づくほど、
フィジカルの差が勝敗を分けるようになる。

つまり、体づくりを怠ってはトッププレーヤーになることができないのだ。

ここでは、特に卓球選手にとって重要なフィジカルトレーニングについて考える。

最優先は俊敏性の向上、バランス感覚も養う

卓球競技の中で最も重要なフィジカル要素は、ズバリ俊敏性だ。その俊敏性を高めるのに効果的なのが、「SAQトレーニング」である。これは、80年代のアメリカで始まったトレーニング法で、元はバスケットボールやアメリカンフットボールのために開発されたものだが、今日《こんにち》では様々な競技に応用されている。Sはスピード(Speed)、Aはアジリティ(Agility)、Qはクイックネス(Quickness)

の頭文字で、スポーツにおけるすばやさの要素を科学的に細分化したうえで考えられたメニューとなっている。

ラダーと呼ばれるはしご状のロープを様々なステップで駆け抜ける、小さなハードルをいろいろなパターンでまたいだり跳び越したりする、手をたたく音に反応してダッシュのスタートを切る……など無数のメニューがあり、これらを卓球の動きに応用すれば、非常に高いトレーニング効果が得られる。書籍やＤＶＤなどを参考にし、指導者が独自のアレンジを施《ほどこ》して選手に取り組ませるといい。

卓球用のスピードを高めるという意味では、学校の体力測定メニューにある反復横跳びに全速力でトライさせるのも良い。20秒間で何回ラインを踏めるかを測るタイムアタックで行い、それぞれの選手のマックスのスピードを上げていくことにチャレンジさせる。これは60回も行けばなかなかのレベルだが、私が全日本の監督をしていた時には、ある選手が74回という記録を出して周囲を驚かせていた。ぜひ、チーム全員で楽しみながら取り組んでほしい。

また、卓球は前後左右に不規則な動きを繰り返す競技であるため、体幹のバランスが良くないといけない。近年流行しているコアトレーニング、ファンクショナルトレーニングなどを採り入れて、体の重心が様々に変化しても正しい姿勢を保持できる筋力や、バランス感覚を身につけさせることが重要だ。特に、ラケットを持ち、バランスボールに両足を浮かせて座る、バランスディスクに片足立ちした状態で素振りを行うなどのトレーニングは、卓球のプレー時のバランス感覚を養うのに大いに役立つ。

複合的トレーニングで、様々な運動パターンを経験しよう

スポーツ、とりわけ球技の動きというのは、単純な動作だけで成り立っているわけではない。複数の動作を組み合わせたり、状況の変化に応じて動作のパターンや速度を柔軟に変えたりする能力が求められる。

私はかつて、あるバスケットボールの指導者から、ひとりの選手に片手でボールをドリブルさせながら、もう片方の手にはテニスボールを持たせ、少し離れた場所にいるもうひとりの選手とキャッチボールをする、というトレーニングを行っていると聞いたことがある。

これを卓球に応用すると、2人の選手を少し離れた場所に立たせ、互いにラケットでボールをつきながらフリーハンドでテニスボールを投げ合う、というトレーニングができる。もう少し発展させると、卓球台でラリーをしながら、フリーハンドでテニスボールの投げ合いを行うという芸当も可能になってくるだろう。

こうしたトレーニングの狙いは、周辺認知能力の向上だ。たとえば、バスケットボールではドリ

すばやいフットワーク、どんなに連打しても崩れない体幹、競輪選手のような下肢の筋肉を誇る樊振東（中国／写真は18年ワールドカップ優勝時）

ブルをしながら味方や敵の選手がどこにいてどういう動きをしているかを察知したり、全く別の方向を向いていながらゴールのリングがどこにあるかをきちんと認識してシュートできたりする能力が必須である。

卓球の場合も自分がボールを打ちにいく時、相手がどこに構えていてどちら側に動こうとしているかを察知し、その逆へボールを打ち込む能力や、後ろ向きになりながらでも相手コートへロビングやカットで返球する能力などが必要だ。そういった感覚を身につけるのに、別々の方向から来る物に対し、両方の手で別々の動作を行うといった複合的なトレーニングが役立つのである。

また、近年では幼少期から卓球を行う選手が非常に多くなっているが、そういった子どもには跳び箱やマット運動などをさせることをおすすめしたい。

跳び箱では、跳ぶこと以上に着地が大事。ひざや足首を柔らかく使ってバランス良く着地する感覚を身につけることで、卓球のフットワークで激しく動いた時の踏ん張りが利き、体勢が崩れないようになる。マット運動では、倒立や前転・後転（でんぐり返り）を行うことで体の柔軟性や平衡感《へいこう》覚が養われる。

そのように、卓球のプレーばかりを練習させるのではなく、様々な運動パターンを経験させることが重要である。

走ることと跳ぶこと。成人にはウエイトトレーニングも必要

そして、あらゆるスポーツに必要なのが走るトレーニングである。大きく分けると、長い距離を走る持久系のランニングと、短い距離を走る瞬発系のダッシュがあるが、それぞれに目的が違う。

ランニングは、たとえば10㎞、15㎞といった距離を1週間とか10日に1度くらい走らせるといい。これは、身体能力を高めるというよりも精神面の鍛錬《たんれん》、根性の養成が主たる目的だ。ダッシュは単純に走るだけでなく、指導者の拍手に合わせてストップやターンなどを入れると効果が増す。これは、ほぼ毎日行うことで短期間での筋力強化が図れる。

さらに重要なのがジャンプトレーニングだ。スクワットの姿勢から垂直に跳び上がるジャンプスクワット、両足ジャンプで体育館の端から端まで移動するカエル跳び、片足ずつ交互のサイドジャンプなど様々あるが、最も効果が高いのは縄跳びだ。

まずは3分間ノーミスから始め、最終的には30分間ノーミスに課題として取り組む。長時間続けることでスタミナもつくし、ミスをしてはいけないという部分での集中力も身につく。二重跳びや後ろ跳び、交差跳びやあや跳びなど、跳び方にも変化をつけると良い。

また、縄跳びに使うロープも、ある程度の年齢になればボクサーなどが使用する革製のタイプを使うことをおすすめする。ビニール製のものと違って重量があるので、下肢《かし》だけでなく上腕や手首の筋力を強化するトレーニングになるからだ。

そして、トップレベルを目指す高校年代以上の選手には、さらなるパワーアップを図るためウエイトトレーニングを行わせる。ベンチプレス、スクワット、デッドリフトの3種目を中心に最大筋力を高めていく訓練を行い、旧来の卓球選手の枠を超えるような屈強な体づくりに取り組むべきだ。

また、自重の5％くらいの重さのウエイトジャケット（体重60kgの選手なら3kg）を羽織って卓球の練習をするといった負荷《ふか》トレーニングにトライさせるのも有効である。

43 得意技を磨き、弱点を補え

強い選手というものは、必ず自分の得意技を持っているし、逆に、弱点らしい弱点は見当たらない。いかにして選手は得意技を持ち、弱点を補強していくか——指導者にとっても、それは非常に大きなテーマと言える。指導者には、選手の特別な才能を見出す観察力や、弱点を顕在化させないような知恵と工夫が必要であり、選手自身は、自分自身の得意技と弱点を把握することが重要である。

得点に結びつく得意技の開発を常に考える

まず、卓球における得意技とは、簡単に言えば「得点に結びつく技術」のことを指す。その中にも、ひとつのテクニックだけで得点ができてしまうような単体での得意技と、複数のテクニックが連動してシステム化されているような複合的な得意技がある。

単体での得意技の例としては、強烈な威力のドライブやスマッシュが打てる、台上のどんなボールも一発で打ち抜くチキータができる、狙ってエースが取れる変化サービスを出せる……などがある。複合的な得意技としては、緩いドライブを使った後のスピードドライブ、バックハンド攻撃からフォアハンド攻撃への切り替え、鋭いツッツキからのカウンター……などが挙げられる。

とりわけ、現在の世界最高峰である中国卓球では、非常に巧妙なモーションによる変化サービスからの3球目攻撃という複合的な得意技が伝統的に鍛え上げられており、どの選手も特徴的で良いサービスを出すし、決定力の高い3球目の一発を持っている。

そのような中、指導者は選手にスペシャルな得点技術、得点パターンを作らせるように仕向けることが大事だ。通り一遍《いっぺん》の練習メニューを消化させるだけでなく、その選手独自の「必殺技」を開発させるのだ。ここは、選手自身のアイデアや努力ももちろん必要だが、指導者の着眼点や発想力が試される部分でもある。

17年度全日本女王の伊藤美誠（スターツ）が放つクイックモーションのスマッシュ「みまパンチ」や、79年世界王者の小野誠治が武器としていた「カミソリスマッシュ」など、世間にそのネーミングが認知されるほどの必殺技を持っている選手は、やはり強い。オールラウンドに戦う能力を身につけさせながらも、その選手の個性が生きる得意技、必殺技が編み出せないか、指導者はいつでも知恵を巡らせておかねばならない。

弱点は、ノーミス化や得意技への連係でカバー

次に、弱点の補強について考えてみよう。弱点とは、それを放っておくと敗戦につながるような「悪いクセ」のことであり、これを直していくのは指導者としての責務と言える。

第一に、なぜ選手に弱点があるのかというと、練習不足がその原因になっていることが多い。選手というものは勝手に練習させておくと、たいてい自分の好きな技術や得意なパターンをたくさんプレーしたがる傾向がある。逆に、自分が嫌いな技術や苦手なパターンの練習は少なくなり、結果として、それが弱点を際立たせることになってしまうのだ。

だから、弱点となっている技術やパターンがある選手には、その部分をしっかり練習する時間を作るように指導しなければいけない。その際、「これをやれば、お前の卓球は必ずもっと良くなるぞ」といった形での言葉添えがあれば、選手も納得して取り組むはずだ。

また、試合においては弱点があったとしても、それを相手選手に気づかせないことが重要である。これは私自身の現役時代の話だが、カットマンだった私は、バックカットを苦手にしていてフォアカットが得意だった。苦手なバックを攻められたくなかった私は、フォアでは多少無理なプレーをしてたまにミスをしてもＯＫとし、バックではボールの質がある程度落ちても、絶対にミスをしないことを優先してプレーした。そうすると、相手は比較的ミスが多く出るフォアを狙ってくるので、

今や日本女子卓球界の若きエースとして、世界の舞台で大車輪の活躍を見せる伊藤美誠。代名詞となっている「みまパンチ」は彼女にしかできない必殺技だ

自分としては落ち着いてプレーができたのである。

そのように、選手が苦手にしている技術があれば、その部分の威力や変化はさておき、ひたすら安定してノーミスでリターンできるようにしておくと、相手からそこが弱点だと気づかれにくく、あまり攻められない。結果、弱点がバレずに試合を進めることができるのである。

さらには、苦手な技術を得意技でカバーするという考え方も有用だ。たとえば、フォア前の台上技術が苦手だが、バックハンドのチキータは得意だという場合。フォア前に来たボールをすべて回り込んでバックハンドで打つという訓練をしておき、それを試合でも実践すれば、苦手な技術を使わずにプレーすることができる。

ほかにも、バックハンドは入れることしかできないが、フォアハンドでのカウンターが得意だという選手がいれば、バックハンドでの弱いリターンからオールフォアでカウンターというパターンを繰り返し練習させ、弱点を攻められた時にも得点パターンに持ち込める、という状態を作ればいい。そういった「弱点から得意技への連係プレー」は、非常に有効だ。

記憶や情動に訴えて、得意技を作る指導を

せっかく得意技と呼べるほどの良いテクニックを持っているのに、試合になるとメンタルの問題でそれを発揮できず、弱点ばかりが目立ってしまうという選手も少なくない。たとえば、練習では前陣でのテクニックが非常に巧みにできているのに、試合になると弱気になり、ずるずると台から離れ、防戦一方になってしまう……というケースがある。

そこには、その選手が元々持っている性格も関係している。特に子どもの場合は、性格がストレートに試合でのプレーに現れるので、そこを修正しようとしてもなかなかうまくいかない。そういう場合は、性格を生かしたプレースタイルを考えることが指導者の手腕である。

どうしても後ろに下がってしまう選手に対しては、下がった位置で粘ったり、そこから反撃したりするテクニックを教える。どうしても無茶な攻撃が多くてミスが多い選手に対しては、打つなと言うのではなく、打ったら入るように打法やボールタッチを改良していく。そのように、試合での

選手のプレーや振る舞いから弱点を読み取り、そこを長所に変換していくことが大事なのだ。

また、この選手にはカウンターの才能があるのだが、まだ精度が悪くて試合で使うには怖いな、というようなケースでは、失敗しても負けてもいいからどんどん打ちなさいと指導するべきである。そのうちに、本人も「今のは気持ちが良かった」と思えるような会心の1本が入るはずだ。そういう体験をすれば、「あれをもう1本打ってやろう」という気持ちになり、それがやがてその選手の得意技となる。

そのように、理屈だけでなく記憶面や情動面に訴えていくような指導をすることが、選手の得意技・必殺技を作っていくうえで大事なのだ。

44 選手は自分の調子をコントロールできるのか

選手には調子の波がある。初戦では華々しいプレーで快勝しておきながら、続く試合で低調なプレーに終始して敗戦をする……

特に若くて経験の浅い選手だと、そういったことが起こりやすい。

指導者は、このような選手の調子の波をどうすれば少なくできるのか、選手は、いかにして自分の調子をコントロールできるのか、を考えてみよう。


得意技とメンタルに留意。好調時こそムチを入れる

指導者は、選手の「表面上の調子」に騙《だま》されてはいけない。1回戦で絶不調だった選手が、2回戦では別人のように良いプレーをする、などということはザラにある。その逆もまたしかりだ。だから、ひとつのプレーや1試合だけで判断するようなことはせず、より注意深く選手の動向に目を光らせておかなければいけない。

その中で第一に注目すべきなのは、その選手の得意技の調子である。フォアのスマッシュが得意な選手ならば、その命中率や威力《いりょく》がどの程度か。バックのカットが主戦武器ならば、どの程度拾えていて、どの程度切れているかといった部分に注目する。そのうえで、全体的にバランス良くプレーできているかどうかをチェックするのが順序だ。

そして、重要なのはメンタル面のバランス。実はここが、選手の調子にもっとも影響する部分と言える。どういった場面で喜び、どういった場面で落胆《らくたん》しているか。落ち着いているか、不安定になっているか。表情が明るいか、暗いか。そのような所作《しょさ》から心理状態を推察し、しかるべきアドバイスを用意しておくのだ。

特に試合においては、戦術的にうまくいかない、相手の戦型が苦手である、ポイントで追い込まれてしまった……などのトラブルが多く発生し、それが選手のメンタルを大きく揺さぶることになる。それを立て直し、復調させていくには、指導者が気の利いた言葉をかけて選手の気持ちを奮《ふる》い立たせたり、不安を取り除いたりしなければいけない。

また、選手が良い調子でプレーできていると、安心して何もアドバイスしない指導者は多いが、それは非常に危険だ。指導者が安心していると、選手も「このままでいいんだろう」と油断してしまい、何かのきっかけで調子を崩したり、相手が急に調子づいてきたりした時に、ギアを上げることができなくなってしまう。

だから、調子が良い選手にこそ「もっと調子を上げるんだ」という言葉がけが必要になる。放っておくと、調子の良さなど幻《まぼろし》のようにすぐ消えてしまう。好調だという現状に満足せず、それを足掛かりにさらなる高みを目指してプレーさせる。そうすることで、選手の成長を促すと同時に、調子の下降を防ぐこともできるのだ。

時と場合に応じ、練習の難易度を調節しよう

選手の調子は試合の時だけでなく、練習段階から整えていく必要がある。そして、練習での意識づけの中で最も重要なのが、「ベストプレーを脳に記憶させる」ことだ。

自分が一番得意とするプレーを組み込んだパターンを繰り返し練習させ、「これが本来の自分の調子なんだ」というポジティブなイメージを選手の脳に植えつけていく。そういった訓練を重ねると、調子の向上のみならず、基礎的な実力がどんどん強化されていく。

それと並行して、難しい練習や選手が苦手としている部分の練習もみっちりやらせる。むしろ実戦では、相手に自分の得意技を封じられ、嫌なところばかり攻められるという展開が多い。その時、得意なことや好きなことしか練習していない選手だと、メンタル的にすぐギブアップしてしまうことになる。

豪快な両ハンドドライブで中国選手を含めた世界トップランカーを何度となく沈め、注目されているカルデラノ（ブラジル）。好不調の波をなくすことが今後の課題か

難しい状況や苦しい場面でどれだけ頑張れるか。そういった視点を持って地味な練習にコツコツ取り組んでいる選手は不調に陥りにくいし、もし不調になった時も、そこから自らを立て直すことができる。

だから、指導者は派手《はで》でスカッとする練習と、地味で根気の要《い》る練習の両方をバランス良く選手に与えていかなければいけない。このあたりは、大事な試合が近いか遠いかによって調整することも考えておくべきである。

まず、試合が近い時には選手に好調を意識づけられるよう、やさしめで爽快《そうかい》にプレーできるメニューを与える。試合直前にできないことや難しいことをさせても、それを本番で発揮することはできないからだ。

そして、試合まで日数がある時には地力《じりき》がつくよう、難しめでストレスがかかるようなメニューを与える。新しい技術や戦術にもどんどんチャレンジさせ、対応力を上げて戦い方の引き出しを増やしていくのだ。

指導者はそのように、選手にとって今何が必要かをきちんと考えたうえでのメニュー作り、難易度設定を心がけなければいけない。

時には追い込みも必要。選手の状態には注意

本番の大会では1日に何試合も行うため、選手が体力的に疲れて調子を落とすということも考えられる。体力が低下すると、技術のポイントやタイミングにズレが生じ、それまで入っていたボールが入らなくなる、といったケースが出てくるのだ。

これを再調整できるのは、底力《そこぢから》のある選手だ。そして、その底力を身につけるには、ふだんから体力的に追い込んだ練習をしておかなければいけない。たとえば、走り込みや筋力トレーニングなどで疲労困憊《ひろうこんぱい》、フラフラになった状態であえてゲーム練習を行う。すると、体力的に充実している状態とは違ったポイント、違ったタイミングでボールを打つことになる。それでもなおかつ、平常に近いパフォーマンスを出せるかどうか。

時にはそのくらいの厳しい条件下でプレーさせることで、「疲れた状態で試合をするとこうなるの

か」という仮想訓練になる。メンタルも同時に鍛《きた》えられるから、一石二鳥だ。そうした経験を通して、選手は底力を獲得できるのである。

その中で注意すべきなのは、選手の心身の状態だ。故障を抱えていたり、体調不良だったりする選手に無理をさせるのは言語道断《ごんごどうだん》だし、気分が落ちている選手を強制的に厳しく鍛えようとすると、その選手は心にダメージを負《お》ったり、モチベーションを失ったりする危険性がある。

一方で、なんとなくやる気が出ないとか、調子が悪いからといって、いい加減なプレーをするような選手がいたら、そこはきちんと教育的指導をするべきだ。

「卓球は、まじめに練習をしたからと言って右肩上がりに上手になるものではないが、調子が出ない時こそ、それに負けないよう腐《くさ》らず一生懸命になりなさい。そうしているうちに、ある時ヒントやアイデアがパッと降りてきて、突然視界が開けたように上達する瞬間があるから」

――そう言いながら、選手と一緒に打開策を必死になって考える。そのような指導者であれば、選手からの信頼を得ることができ、選手の調子を整える役目もしっかり果たせるはずである。

卓球王国の書籍

勝てる男の思考法を紹介するベストセラー

負ける人は無駄な練習をする

水谷 隼・著

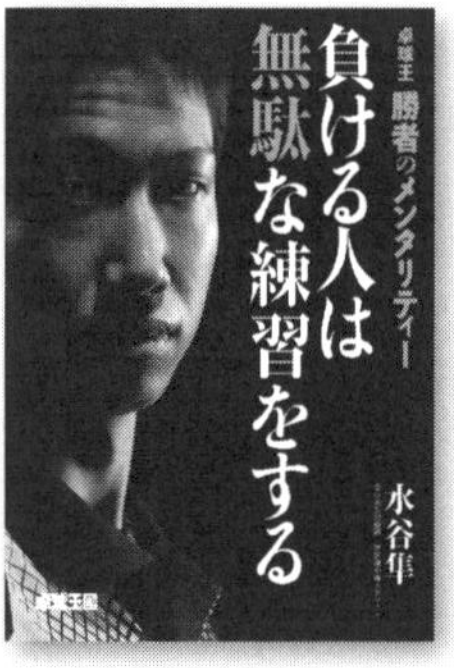

チャンピオンにしかわからない次元で、チャンピオンになりたい人へ贈る熱きメッセージ。

1,500円+税

● A5判　●ソフトカバー
● 208ページ
● ISBN978-4-901638-49-4

試合で勝つための99の約束事を一挙に紹介！

卓球王 水谷隼の勝利の法則

水谷 隼・著

『戦略』『身体』『用具』『戦術』『技術』『メンタル』について、あますところなく綴った一冊。

1,700円+税

● A5判　●ソフトカバー
●オールカラー 208ページ
● ISBN978-4-901638-47-0

著者紹介

高島規郎（たかしまのりお）

1951年7月17日、大阪市生まれ。近畿大学3年の時に、全日本選手権で初優勝。トータル3度の優勝を飾る。71年から83年まで7回連続で世界選手権に日本代表として出場し、75年世界選手権では3位に入賞。「ミスター・カットマン」として、華麗な守備を見せ、世界で活躍した。現役引退後は、93、95年世界選手権で全日本監督を務めるなど、指導者として活躍。卓球理論家としても、技術、戦術、メンタルを総合的に考えた卓球理論を展開している。現在、近畿大学名誉教授。著書に『敗者を勝者に変える 卓球戦術ノート』『続 卓球戦術ノート』『選手の力を引き出す 言葉力』（いずれも卓球王国刊）がある

卓球 高島規郎の「選手を強くする」指導者論
選手をつぶす指導者なら、選手がコーチになればいい。

2019年 11月27日　初版発行

著者　高島規郎
発行者　今野　昇
発行所　株式会社卓球王国
〒151-0072　東京都渋谷区幡ヶ谷1-1-1
電話　03-5365-1771
http://world-tt.com
印刷所　シナノ書籍印刷株式会社

　ISBN978-4-901638-54-8